제 2 판

EV3를 이용한

RobotC 프로그래밍

공학박사 **황 우 현** 저

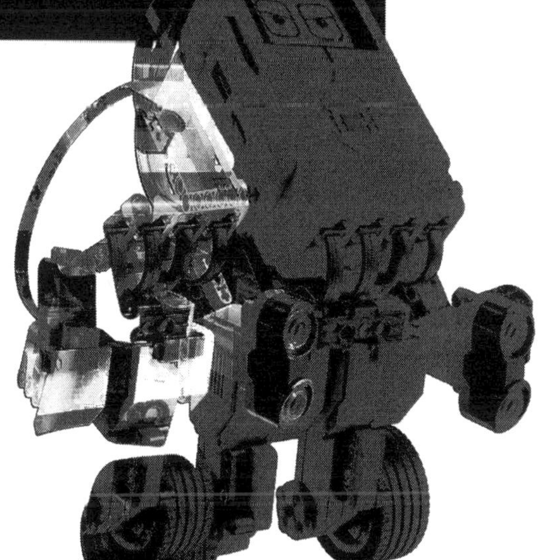

B.C.Info

머리말

컴퓨터 프로그래밍 능력을 배우기 위해서 LEGO 사의 EV3를 활용하여 RobotC로 프로그래밍하는 구체적인 알고리즘을 학습하는 교재로 구성하였다. C언어의 문법과 다양한 문제 해결 능력을 가질 수 있도록 간단한 실습예제부터 복잡한 실습과제를 RobotC를 이용하여 단계적으로 해결하는 과정을 진행하고자 한다.

우선 LEGO사의 EV3를 간단히 소개하고 EV3를 활용하여 하드웨어를 구성하여 실습하고자 한다. EV3는 센서부와 구동부를 사용자가 원하는 목적을 달성하기 위하여 다양하게 구성할 수 있다. 센서부에는 터치센서, 칼라센서, 초음파센서, 자이로센서 등을 사용할 수 있고, 구동부에는 라지모터와 미디엄모터를 기본으로 활용할 수 있다. 간단한 실습문제를 RobotC로 작성하여 EV3에 다운로드 하여 직접 구동해 보면서 학습자가 원하는 목표대로 움직이는지 확인하고 수정해 가면서 프로그램 방법을 학습하고, 또한 실전과제를 해결하면서 실무에 적용할 수 있는 능력을 배양할 수 있도록 교재를 구성하였다.

본 교재를 이용하여 스스로 C언어를 학습하거나 대학에서 강의를 효과적으로 진행할 수 있도록 실전 경진대회 문제를 다루고 있으며, 이를 해결하면서 다음과 같은 학습자의 능력을 갖출 수 있고자 한다.

- LEGO MindStrom EV3를 활용하여 하드웨어 구성 능력을 기를 수 있다.
- RobotC 소프트웨어를 배워서 직접 하드웨어에 적용하여 프로그램을 작성할 수 있다.
- 실습문제 및 실습과제를 해결하기 위한 순서도를 작성하고 프로그래밍 할 수 있다.
- RobotC를 이용하여 프로그램을 편집, 컴파일, 링크, 디버깅 및 실행할 수 있다.
- 공학자들에게 필요한 실무적인 프로그램을 작성하여 응용할 수 있다.

특히 본 교재는 LEGO EV3에 대한 예제 및 실무 프로그램을 직접 작성하면서 실습할 수 있도록 RobotC 프로그램 방법과 실무적인 예제를 중점적으로 다루고 있다. 본 교재를 출판할 수 있도록 도와주신 복두출판사에 감사를 드린다.

2016년 9월

저자 황 우 현

차례

1 EV3 소개 및 구성

본 장에서는 EV3를 소개하고, ROBOTC를 설치하여 프로그램 개발에 필요한 환경설정 및 디버깅을 수행하는 방법을 설명하고 ROBOTC에서 제공하는 자료형, 변수의 종류 및 범위를 학습한다.

1.1 LEGO EV3 소개

EV3는 LEGO MINDSTORMS Education Sct의 컨트롤러이며, 프로그래밍이 가능한 인텔리전트 브릭이다. 주변 환경을 인식하고 인터페이스할 수 있는 다양한 센서와 전동기를 연결하여 데이터를 수집하고 테스트 할 수 있는 장비이다. EV3는 자이로 센서를 포함하고 있고 Wi-Fi로 연결이 가능하다.

[그림 1-1] EV3 기본세트 구성

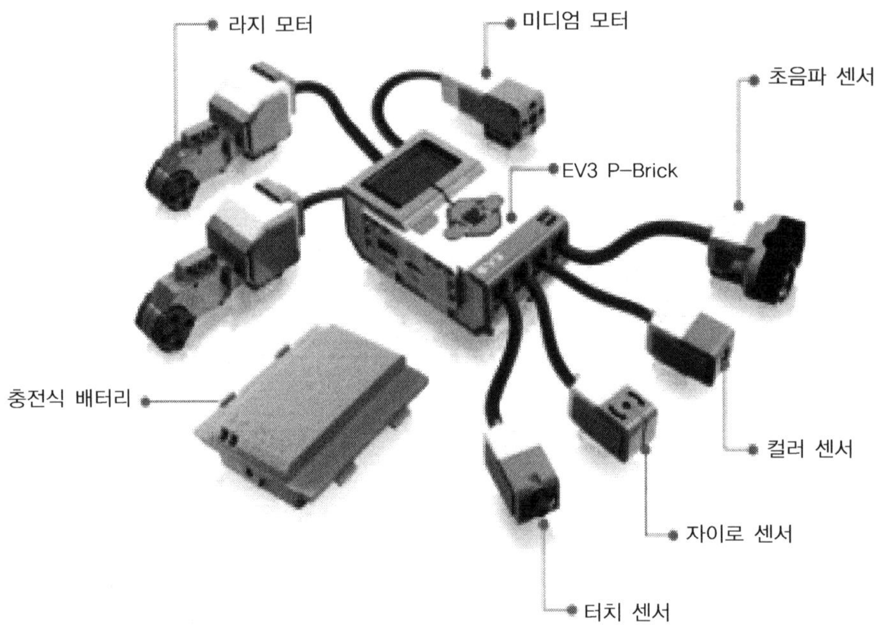

[그림 1-2] EV3 기본 입출력 구성

1.1.1 EV3 사양

- ARM 9 Processor, 300MHz
- 입력포트 4, **출력포트 4**
- 16MB Flash memory / 64MB RAM
- Mini SDHC card reader 32GB
- 3색, 6개의 버튼으로 브릭의 현재 상태를 표현 가능
- 그래프와 센서 데이터 관찰이 가능한 78×128 pixel 고해상도 디스플레이
- 고음질 스피커
- 소프트웨어로 업로드가 가능한 On-브릭 프로그래밍 & 데이터로깅
- USB 및 **Wi-Fi**, 블루투스 동글을 이용해 컴퓨터와 통신 가능
- Daisy 체인, Wi-Fi 통신, USB 메모리 연결 가능
- 2200 mAh 리튬이온 충전식 배터리 또는 AA 건전지 6개

1.2 로봇 브릭 및 센서 연결

EV3 브릭에 다양한 센서와 여러 개의 모터를 연결하여 사용자가 원하는 목적을 달성할 수 있다. NXT 브릭에는 3개의 모터만 연결할 수 있었지만 2013년에 새롭게 출시된 EV3에는 4개의 모터를 동시에 연결할 수 있다.

1.2.1 EV3 P-브릭 연결 실습

일반적으로 EV3를 이용하여 센서를 연결할 때 1번 ~ 4번 중에 사용자가 원하는 센서를 연결하고, 주로 1번 포트에 터치센서, 2번 포트에 왼쪽 칼라센서, 3번 포트에 오른쪽 칼라센서를 연결하여 사용한다. 반대쪽에 모터를 연결하는 포트는 A ~ D, 4포트이며, 포트 B에는 왼쪽 구동 모터, 포트 C에는 오른쪽 구동모터를 연결한다. USB 연결포트에는 ROBOTC 프로그램을 작성한 후 다운로드 하거나 제어할 때 사용한다.

✐ 실습예제 1-1. EV3 연결 및 포트 지정

Step 1 EV3 P-브릭에 센서와 모터를 케이블로 아래와 같이 연결한다.

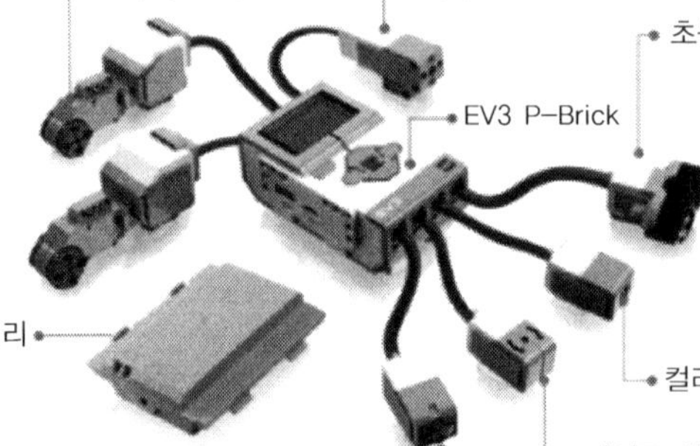

터치센서 - **1번 포트**

자이로 센서 - **2번 포트**

컬러 센서 - **3번 포트**

초음파 센서 - 4번 포트

포트A

포트B - 라지 모터/왼쪽

포트C - 라지 모터/오른쪽

포트D - **미디엄 모터**

USB - PC 연결

〈EV3 센서, 모터 연결 및 구성〉

Step 2 EV3 P-브릭에서 센서와 모터의 상태를 확인한다.

EV3 브릭에 있는 버튼을 이용하여 프로그램을 선택, 실행, 중지, 상/하/좌/우 메뉴 이동, 전원 키고/끄기를 할 수 있다. 또한 각 센서의 현재 값을 측정하거나 모터를 선택해서 움직일 수 있고 EV3는 블루투스나 Wi-Fi로 PC나 스마트 폰과 연결할 수 있다.

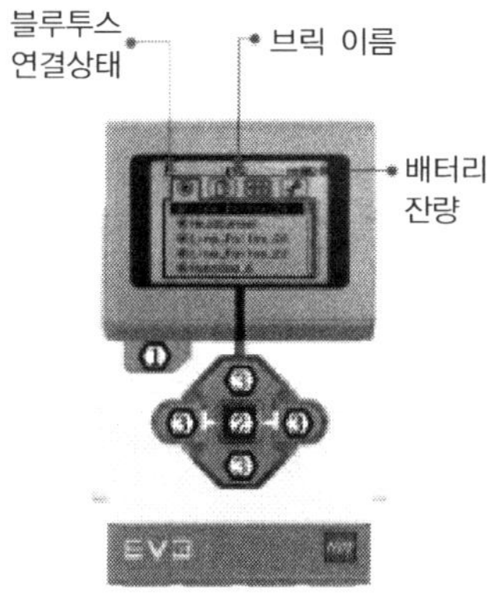

1. 프로그램 실행 중지
   뒤로 나가기
   EV3 브릭 종료

2. 실행/선택
   EV3 브릭 전원 켜기

3. 상/하/좌/우 메뉴로 이동

1.2.2 빛 센서 또는 칼라센서 실습

빛 센서는 외부에서 보이는 두 개의 유리구슬 모양의 튀어나온 투명한 플라스틱이 보이는데, 하나는 붉은 빛을 밖으로 출력해주는 역할을 하는 전구 역할이며 다른 하나는 빛을 감지하는 역할을 한다. 빛을 출력하는 부품의 명칭은 발광 다이오드이고 빛을 감지하는 부품의 명칭은 Photo TR이다. 빛 센서는 두 가지의 모드로 작동 가능하다. 하나는 발광 다이오드에서 빛이 나오는 액티브(active) 모드이며 다른 하나는 반대로 빛이 나오지 않는 인액티브(inactive) 모드이다. 액티브 모드에서는 빛 센서 자체에서 발생한 빛이 바닥이나 면에 반사되어 들어오는 빛의 양을 측정할 수 있으며, 인액티브 모드에서는 빛 센서 자체가 발광하지 않는 일반 상태에서의 빛(주변광)의 량을 측정할 수 있다. 빛 센서로 측정되는 빛은 0 ~ 100까지의 정수로 표현된다. 0은 아주 어두움, 혹은 검정이고 100은 아주 밝음, 혹은 흰색이라고 볼 수 있다.

[표 1-1] 명암에 따른 센서의 측정값

바닥의 명암(액티브모드)	주변광(인액티브 모드)	센서 측정값의 변화
검정	칠흑 같은 어둠	0 으로 근접
진회색	어둠	↑
회색	약간 어두움	↓
흰색	밝음	100으로 근접

[그림 1-3] EV3 칼라센서

EV3 칼라 센서는 색상 모드와 빛 감지 모드(반사광과 주변광) 중에 하나를 선택할 수 있으며 색상에 따라 0 ~ 7의 숫자 데이터를 반환합니다. 빛 감지 모드일 때는 NXT와 동일하게 측정되는 빛의 값은 0 ~ 100까지 정수로 표현된다.

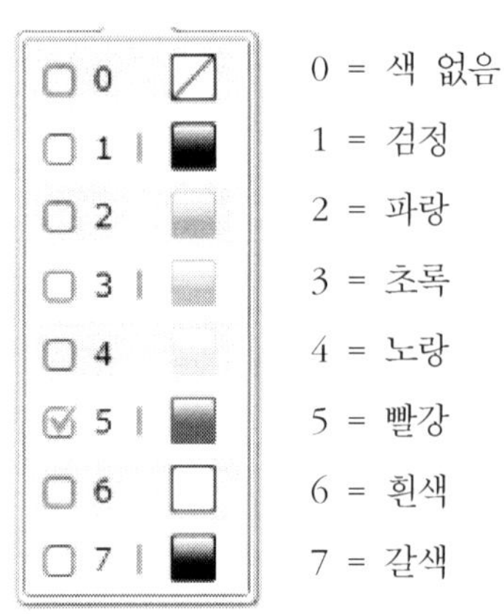

[그림 1-4]

✐ 실습예제 1-2. EV3 칼라센서 연결 및 포트 지정

Step 1 EV3와 칼라 센서를 케이블로 연결한다.
(편의상 2번 포트에 연결)

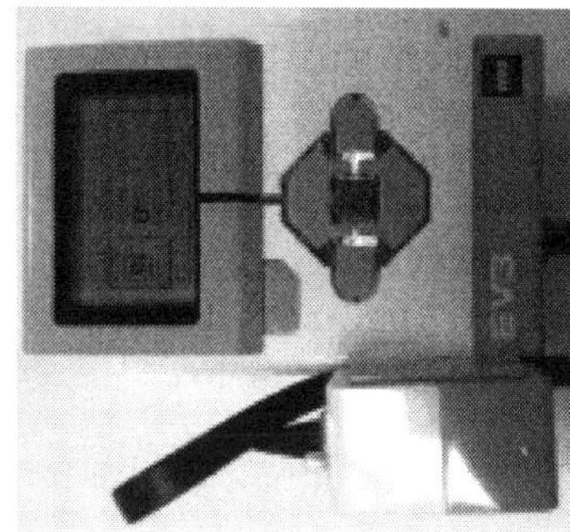

〈EV3 칼라센서〉

Step 2 EV3를 켜고, EV3의 Port View 메뉴를 선택한다.

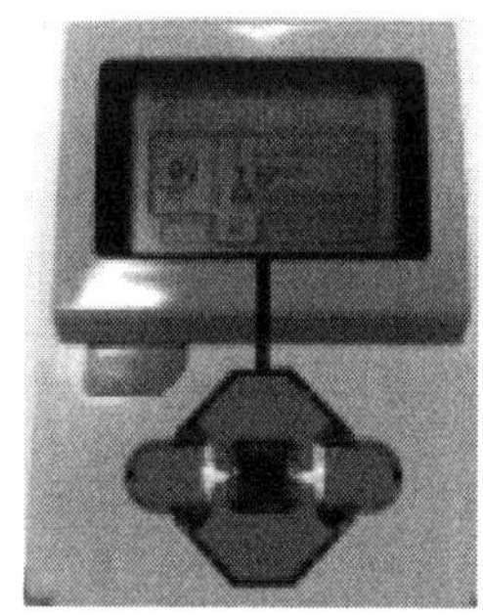

〈Port View〉

Step 3 반사광 측정하기

- 포트 2를 선택하고 엔터를 누른다.
- 반사광(COL-REFLECT) 아이콘 선택한다.
- 연결된 칼라센서를 다양한 면에서 LCD 창에 나타나는 값을 확인한다.

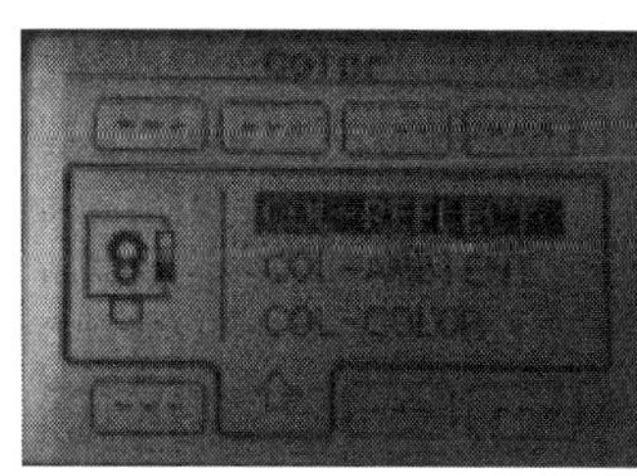

Step 4 주변광 측정하기

- 포트 2를 선택하고 엔터를 누른다.
- 주변광(COL-AMBIENT) 아이콘을 선택한다.
- 연결된 칼라센서를 다양한 곳에서 LCD 창에 나타나는 값을 확인한다.

1.3 모터 연결

1.3.1 서보모터 소개 및 사용방법

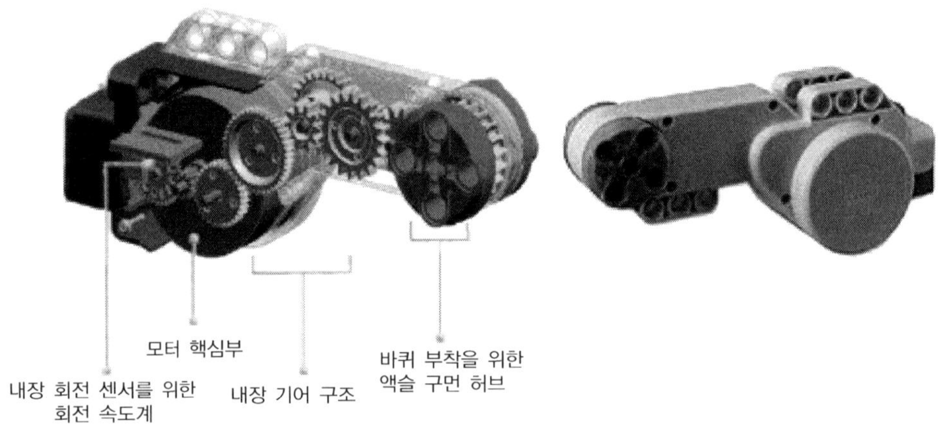

[그림 1-5] NXT 서보모터

로봇을 정확하게 원하는 거리만큼 주행하거나 정확하게 원하는 각도만큼 회전할 수 있는 정밀한 모터를 제공하고 있는데 이를 서보 모터(Servo motor)라 한다. 로봇은 모터 출력의 미세한 차이 때문에 로봇이 똑바로 직진하지 않는다. 즉, 한쪽 모터가 조금 빠르게 가게 되면 반대쪽 방향으로 휘어져 간다. 이렇게 휘어져 가게 되면 정밀 제어는 어려워지는데 이러한 차이를 보정하기 위해 PID 제어, Synch 제어를 제공하여 사용할 수 있다.

서보 모터는 내장 회전 센서를 위한 회전속도계가 내장되어있어 모터의 회전 속도나 회전 각도를 측정할 수 있다. 또한 기어구조가 내장되어 있어 모터의 회전이 작아지는 대신 모터의 힘이 증가한다. 서보 모터의 외부 회전 부분에는 여러 가지 바퀴를 부착할 수 있도록 축을 끼울 수 있는 여러 개의 구멍이 있다. 서보 모터는 그림에서처럼 회전속도계 센서의 값을 활용하여 모터의 회전위치와 회전 속도를 직접 제어하는 피드백 제어가 가능한 모터로서, 정방향 제어(정회전), 역방향 제어(역회전), 감속, 가속 등의 미세한 제어가 가능하기 때문에 정확한 제어를 필요로 하는 정밀기계 및 로봇 분야에 핵심적으로 쓰이는 부품이다.

1.3.2 EV3 모터 소개 및 사용방법

EV3 기본세트에는 라지 모터 2개와 미디엄 모터 1개로 구성되어 있다. EV3 프로그램으로 모터의 켜짐/꺼짐을 실행하거나 모터의 파워 레벨을 조절할 수 있다. 또한 지정된 시간 동안 또는 지정된 회전수와 일치할 때까지 모터를 켤 수 있고 모드에서 시간, 각도, 회전수 모드 제어를 할 수 있다.

모터 파워 입력에는 -100부터 100까지 숫자를 넣을 수 있고 라지 모터와 미디엄 모터는 양수냐 음수냐에 따라 회전 방향이 달라진다. 모터의 회전 속도는 모터에 가해지는 부하량에도 영향을 받지만, 지정된 파워 레벨과 거의 비례한다.

(1) 라지 모터

2개의 라지 모터가 EV3에 포함되어 있고, 아래 그림과 같이 모터를 장착했을 때 1번이 양의 파워 값을 주었을 때 정방향으로 회전하고 반대로 음의 파워 값을 줄 때 역방향으로 모터가 회전한다.

[그림 1-6] EV3 모터 (1) 정방향 회전, (2) 역방향 회전

라지 모터는 강력하고 "스마트한" 모터이고, 정밀한 조작을 위해 1도씩 조절하는 회전 센서가 내장되어 로봇의 드라이빙 베이스에 최적화되어 있다. 라지 모터는 EV3 소프트웨어의 "조향모드 주행" 또는 "탱크모드 주행" 프로그래밍 블록을 사용하여 주행 동작을 동시에 조정한다.

(2) 미디엄 모터

EV3에 포함되어 있는 미디엄 모터도 라지 모터와 마찬가지로 양의 파워 값을 주면 시계방향으로 회전하고 반대로 음의 파워 값을 주면 반시계 방향으로 미디엄 모터가 회전한다. 미디엄 모터는 라지 모터에 비해서 상대적으로 토크가 약하지만 라지 모터와는 다른 용도로 유용하게 사용할 수 있다.

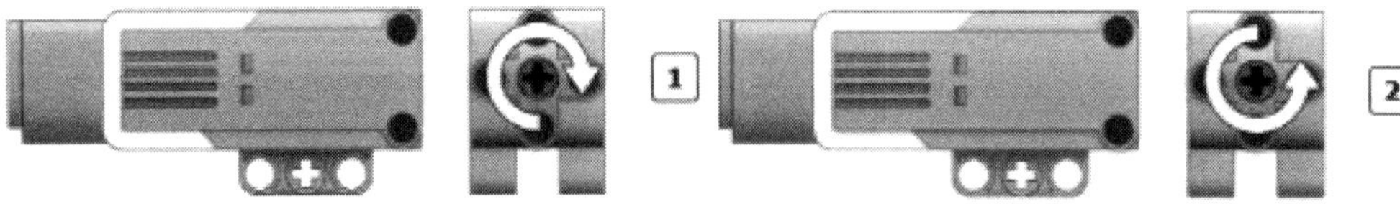

[그림 1-7] EV3 모터 (1) 양의 파워, (2) 음의 파워

미디엄 모터에도 내장 회전 센서(1도씩 조절)가 포함되어 있지만 라지모터보다 작고 가벼운 특징 때문에 라지 모터보다 빨리 반응할 수 있다. 미디엄 모터는 켜거나 끄고, 파워 레벨을 조절하며, 특정 시간이나 회전량으로 실행되도록 프로그래밍할 수 있다.

(3) 라지모터와 미디엄 모터의 비교

- 두 모터 모두 자동 ID를 지원
- 라지 모터는 160~170rpm에서 20Ncm 기동 토크 및 40Ncm 스톨 토크로 구동 (더 느리지만 더 강력함).
- 미디엄 모터는 240~250rpm에서 8Ncm 기동 토크 및 12Ncm 스톨 토크로 구동 (더 빠르지만 덜 강력함).

✐ 실습예제 1-3. EV3 서보모터 연결

Step 1 EV3와 서보모터를 케이블로 연결한다.
(편의상 A번 포트를 통해 연결)

Step 2 EV3를 켜고 View 메뉴를 선택한다.

1. 프로그램 실행 중지
   뒤로 나가기
   EV3 브릭 종료

2. 실행/선택
   EV3 브릭 전원 켜기

3. 상/하/좌/우 메뉴로 이동

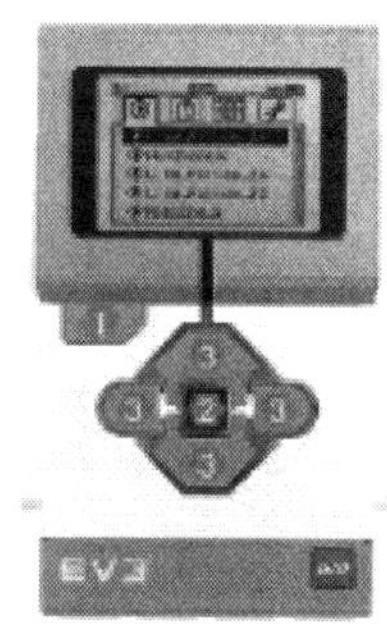

Step 3 Motor Control 아이콘을 선택한다.

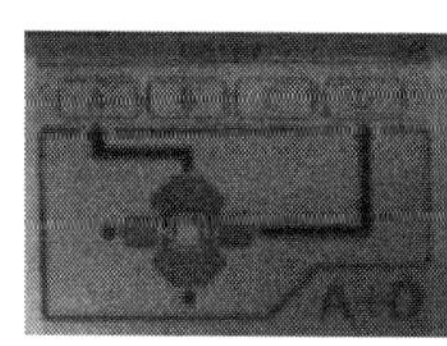

Step 4 서보모터에 바퀴를 부착하고 **EV3 브릭의 상하좌우 버튼을 눌러보면서 모터의 출력**을 확인한다.

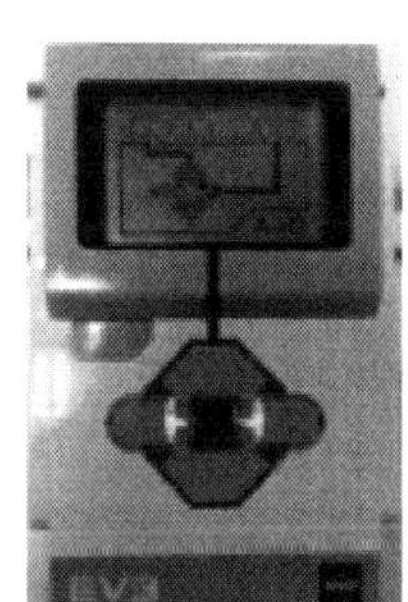

1.4 로봇 기본세트 만들기

1.4.1 EV3 Core set를 이용한 로봇 제작

EV3 Core set에 있는 매뉴얼을 이용하거나 또는 인터넷에 있는 순서에 따라 다음 그림과 같이 기본 로봇을 제작한다.

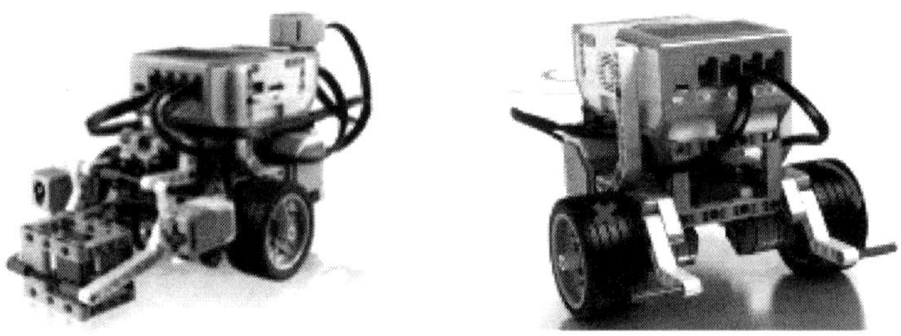

[그림 1-8]

1) 조절부 : EV3 브릭(본체)
2) 구동부 : 라지모터 2개 - 왼쪽 라지모터(B포트), 오른쪽 모터(C포트)
3) 센서부 : 터치센서 1개(1번), 칼라센서 2개(2번, 3번), 초음파센서 1개(4번)

1.5 ROBOTC 소개 및 설치

[그림 1-9] ROBOTC 시작창

ROBOTC는 카네기멜론 대학(Carnegie Mellon University Robotics Academy)에서 만든 ROBOT 전용 프로그래밍 언어로, LEGO Mindstorms RCX, NXT, EV3 등을 지원한다. 프로그램 이름에서도 나타나듯이 C언어를 기반으로 하여 C언어 문법 체계와 90% 이상 동일하다. 따라서 C언어의 문법적인 체계를 대부분 따른다. 일반적인 제어 구문, 변수의 선언, 함수선언 및 호출, 매크로함수, 배열 등 거의 대부분을 지원하므로 C언어를 공부한 학생과 이제 시작하는 학생들 모두 쉽게 배울 수 있다.

1.5.1 ROBOTC 프로그램 설치

ROBOTC 프로그램을 다운로드 받기 위해서는 http://www.ROBOTC.net에 접속해서 ROBOTC for LEGO 프로그램과 드라이버를 다운로드 받을 수 있고 사용자를 위한 커리큘럼이 잘 갖추어져 있다. 이 과정을 거치지 않고 EV3를 PC에 연결하면, PC에서 EV3를 인식하지 못할 것이다. PC가 EV3를 인식하게 하려면 EV3 드라이버를 설치하고, ROBOTC 프로그램을 설치하면 된다.

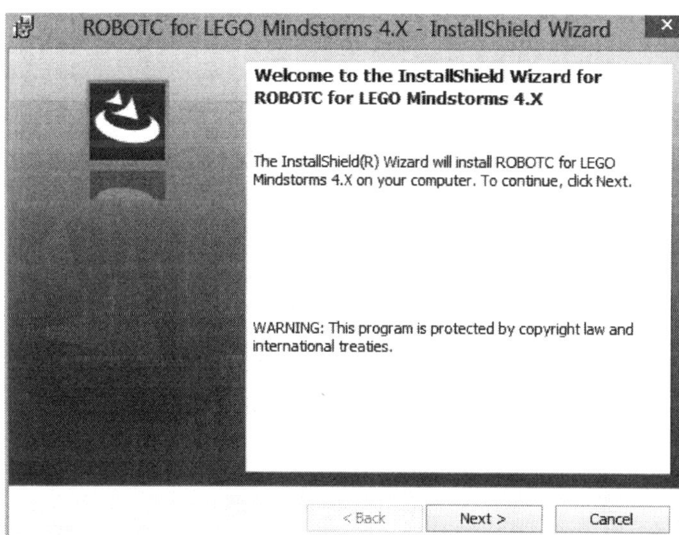

처음 ROBOTC를 실행하면 그림과 같은 화면이 나타난다. "Activate ROBOTC for Mindstorms"를 선택하여 정품인증을 받아 사용하거나, "Evaluate ROBOTC for Mindstorms"를 선택하여 평가판(10일 사용)으로 사용할 수도 있다.

[그림 1-10] ROBOTC 실행화면 및 프로그램 작성 윈도우

1.5.2 ROBOTC 프로그램 메뉴

메뉴 중에서 RobotC 메뉴는 로봇 제어를 위한 소스코드를 작성, 컴파일 및 다운로드 기능과 디버거 활성화 기능, 그리고 EV3 브릭을 통해서 EV3와 PC를 연결하고 모터와 센서를 제어한다. 또한 펌웨어를 EV3에 다운로드 할 수 있다. 다음은 Robot 메뉴의 종류 및 설명이다.

① **Compile and Download Program(F5)** : 소스코드 컴파일 후 EV3 브릭으로 프로그램 다운로드

② **Compile Program(F7)** : 소스코드 재 컴파일(프로그램 다운로드 안함)

③ **Debugger Windows** : 프로그램의 실행 또는 단계적인 실행을 할 수 있다. Refresh Rate의 Continuous를 클릭하면 EV3에 연결된 모터 및 센서의 값들을 계속적인 모니터링 할 수 있다.

④ **LEGO Brick** 세부 메뉴는 다음과 같다.

- **Communication Link Setup**은 EV3와 PC를 USB 또는 블루투스를 통해서 Link를 설정하고, 프로그램 소스코드를 컴파일하고 실행파일을 EV3로 저장할 때 반드시 Link가 설정되어 있어야 한다.

⑤ **Platform Type** 메뉴에서 EV3를 선택한다.

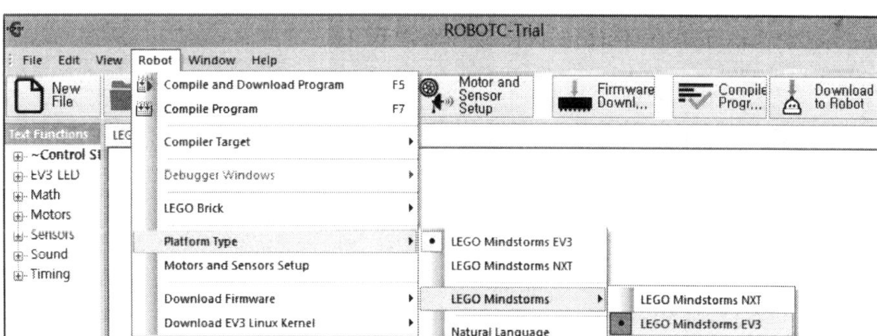

[그림 1-11] 플랫폼 타입 선택

⑥ **Download Firmware** : 펌웨어 다운로드 기능을 이용하여 확장자가 ".rfw"인 파일을 다운로드 하면 "Firmware download completed"라는 메시지가 나타난다.

1.5.3 EV3 P-브릭과 PC의 연결

EV3 브릭과 PC를 연결하는 3가지 방법은 아래와 같이 USB 케이블을 이용한 유선연결 방법과 블루투스나 Wi-Fi를 이용한 무선연결 방법이 있다.

① USB 케이블을 이용한 유선연결
- USB 케이블을 사용하여 EV3 브릭의 PC 포트에 미니 USB를 연결
- USB를 컴퓨터에 연결

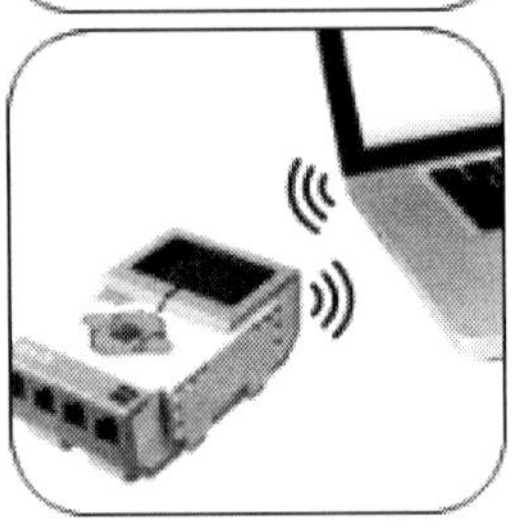

② 블루투스를 이용한 무선연결
- EV3와 PC의 블루투스 활성화
- 하드웨어 페이지에서 EV3 브릭을 찾은 후 블루투스 상자 선택

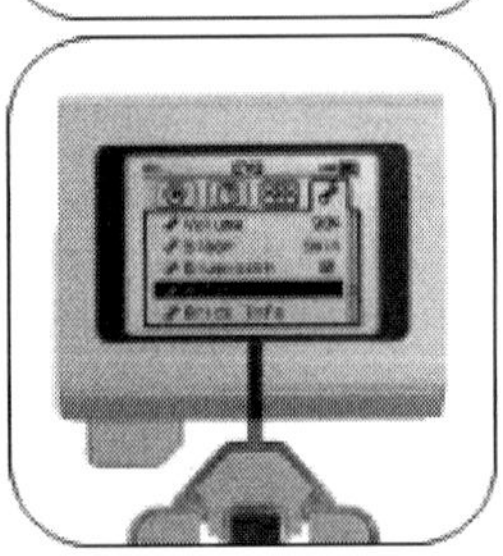

③ Wi-fi를 이용한 무선연결
- Wi-fi 동글 EV3에 삽입
- EV3 Wi-fi 활성화
- USB 케이블을 사용하여 EV3 브릭을 컴퓨터에 연결
- 도구 〉〉 무선 설정에서 연결하려는 네트워크 선택하여 연결

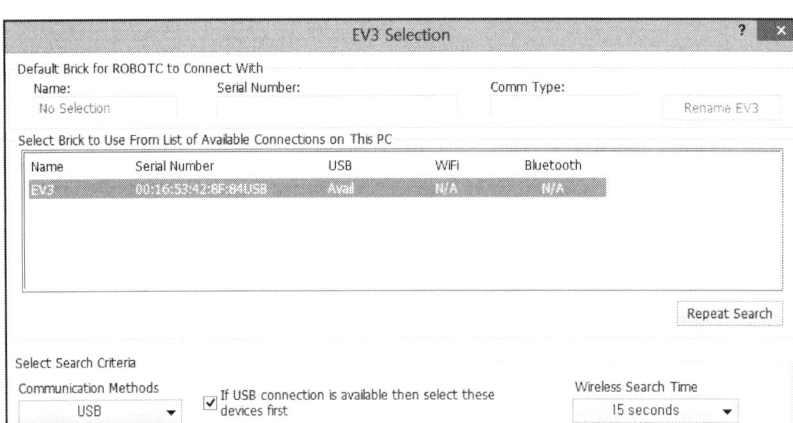

- **Motors and Sensors Setup** : 모터와 센서를 어떤 포트에 어떤 별명(Alias)을 사용할지를 결정하기 위해 Motors and Sensors Setup을 이용한다. 프로그램 작성 시 모터 및 센서에 대한 변수 이름을 입력하면 코드를 자동으로 생성해 주기 때문에 쉽게 프로그램을 작성할 수 있다. 또한 Reversed, Encoder, PID Control를 선택할 수 있다.

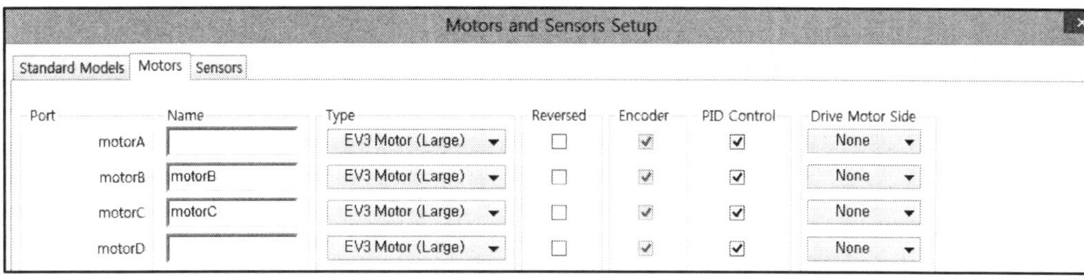

[그림 1-13] 모터 설정

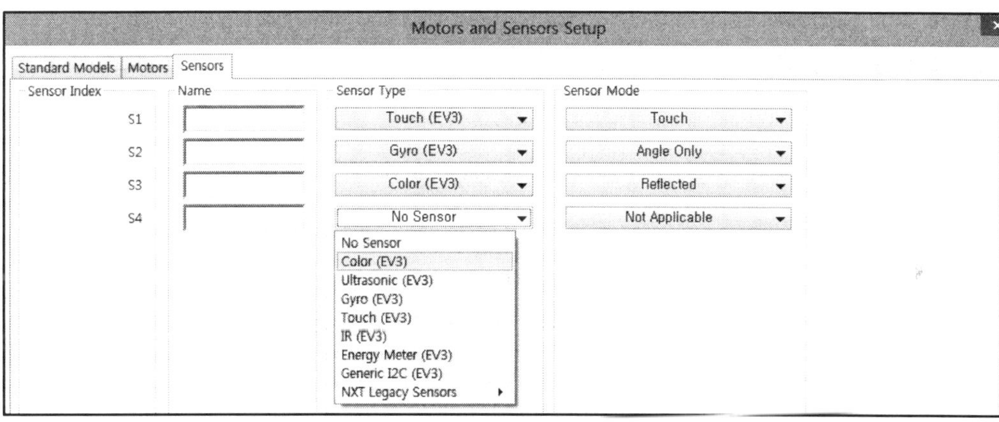

[그림 1-14] 센서 설정

1.5.4 EV3를 위한 ROBOTC 설정

RobotC 4.0에서 EV3를 사용하기 위해서 다음과 같은 순서로 ROBOTC에서 설정해야 한다.

(1) 단계 1: Platform Type 변경

먼저 Platform Type를 EV3로 변경해야 한다. 한번 변경해 놓으면, 프로그램을 껐다가 다시 실행하더라도 그대로 유지된다.

(2) 단계 2: EV3 Linux Kernel Firmware 업데이트

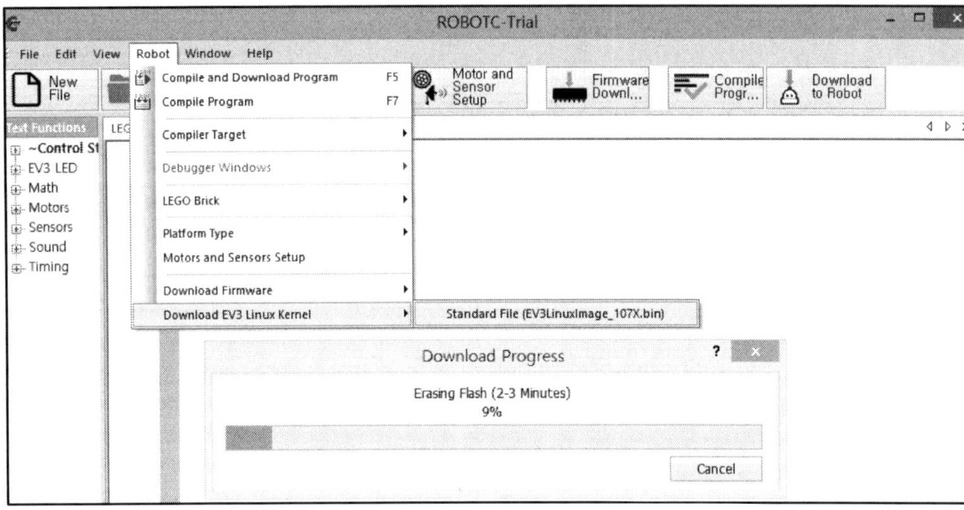

[그림 1-15] EV3 펌웨어 업데이트

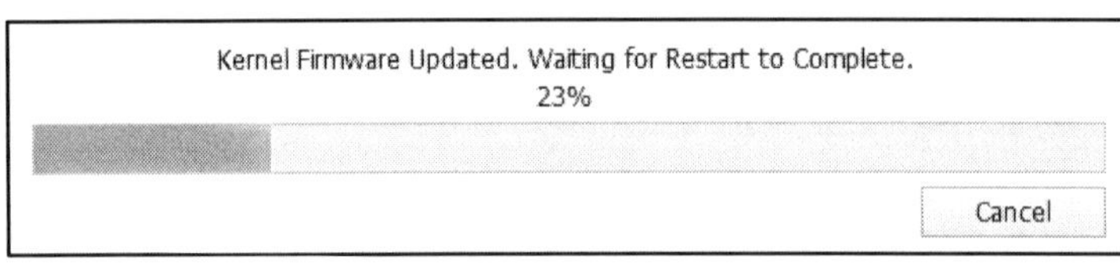

RobotC 4.54에서 작성한 소스를 EV3 로봇에 다운로드 하기 위해서는 EV3 브릭을 Robot 4.54 환경에 맞게 업데이트 해 줘야 한다. 먼저 Robot → Download EV3 Linux Kernel → standard File을 클릭해서 EV3를 업데이트 한다. 업데이트 중에 USB 다운로드 케이블 연결을 끊으면 안된다. 다운로드 오류가 나면 재 다운로드를 해 준다.

(3) 단계 3: ROBOTC Firmware 설치

ROBOTC Firmware를 설치하기 위하여 메뉴에서 Robot → Download Firmware → standard File을 클릭해서 EV3 펌웨어를 다운로드 한다. 업데이트 중에 USB 다운로드 케이블 연결을 끊으면 안되고, 다운로드 오류가 나면 재 다운로드를 해야 한다.

1.6 ROBOTC 디버깅

ROBOTC는 실시간으로 디버깅 할 수 있는 장점이 있다. 이것은 거의 실시간으로 오류를 발견하고 수정하기 때문에 프로그램의 개발시간을 매우 단축시킬 수 있다.

- 프로그램을 실행하고 PC에서 프로그램 실행을 중지시킬 수 있다.
- 단계별로 프로그램을 한 번에 한줄 또는 하나의 함수 단위로 실행시킬 수 있다.
- 중단점에 도달하면 프로그램이 실행 중에 정지시킨다.
- 프로그램에 정의된 모든 변수의 값의 모니터링이 가능하다.
- 모터 및 센서의 값을 확인할 수 있다.

1.6.1 디버그 윈도우

프로그램을 작성하고 Compile과 Download를 실행할 때 먼저, 로봇의 전원은 ON상태인지를 확인하고, USB가 PC와 EV3 사이에 연결은 잘 되어있는지 확인하고, 블루투스를 통해서 연결을 했다면 통신 상태를 잘 확인한다. EV3를 PC와 연결해주는 Link Setup 처리는 잘 되었는지 확인한다. ROBOTC 개발 환경에서 F5 기능키를 누르면 컴파일과 다운로드가 동시에 처리 되면서 메뉴에서 Debug Windows 메뉴가 나타난다. EV3에 부착 되어있는 EV3 device의 값들과 우리가 정의한 변수들을 모니터링 하기 위해서 Debugger 메뉴에서 Refresh Rate를 [Continuous]로 선택해야 그 변화를 파악할 수 있다. 만약에 [Once]로 설정하여 놓는다면 프로그래머가 그때마다 클릭하여 변화하는 상태를 확인하여야 하므로 매우 불편하다. 한 단계씩 프로그램의 수행을 제어해 보고 싶다면 [Step Into]버튼을 이용한다. 이 경우 현재 수행 중인 코드는 노란색으로 라인이 표시된다. 한 단계씩 코드를 수행하면서 현재 센서 값이나 변수 값을 확인할 수 있으므로 프로그램상의 오류를 검사하기가 한결 수월해진다.

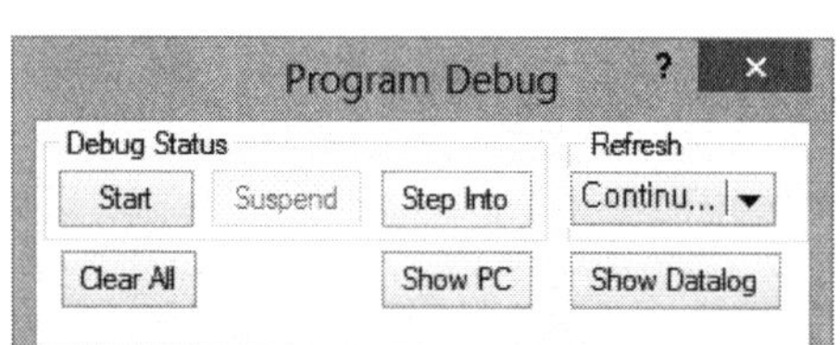

[그림 1-16] 프로그램 디버그 윈도우

- Step Over : Suspend 모드에서 프로그램에 있는 다음 문장을 skip할 때 사용

• Step Out : Suspend 모드에서 현재 실행중인 procedure를 빠져나와서 호출한 procedure로 제어를 넘겨줄 때 사용

1.6.2 글로벌 변수

Global Variables는 EV3에 설정된 변수들을 모니터링 할 수 있게 도와준다. 프로그램을 디버깅할 때 Global Variables창을 열어놓고 [Step Into] 버튼을 클릭하여 변수 값이 어떻게 변하는지 볼 수 있으므로 유용하다.

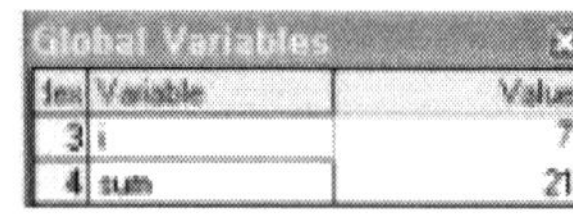

[그림 1-17]

1.6.3 리모트 스크린

EV3 Remote Screen은 EV3의 LCD를 모니터링하면서 원격으로 프로그램을 실행시키는 기능을 포함한다. 1에서 100까지 더하는 프로그램인데 결과를 EV3 화면에 나타내 주는 프로그램인데, EV3 Remote Screen을 통해서 결과값을 확인할 수 있다.

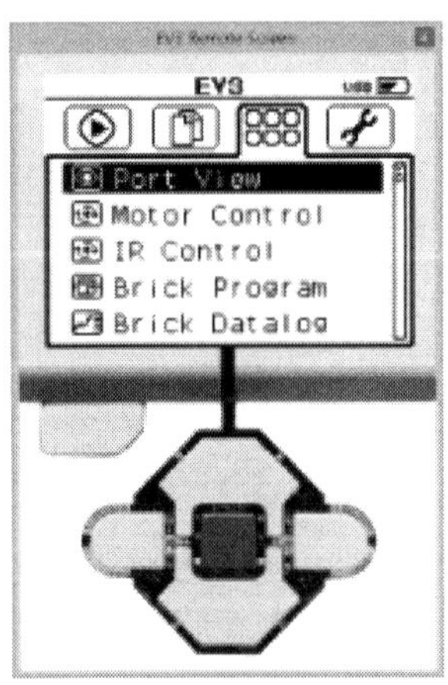

[그림 1-18]

1.6.4 시스템 파라미터

EV3 하드웨어의 다양한 시스템 환경변수들을 보여준다. 프로그램 상에서 시스템 상태 값을 사용해야 할 경우(ex : EV3 전원 충전기 확인) 해당 환경변수를 조건으로 사용할 수 있다. 이때 시스템 매개 변수에서의 변수의 값이 true인지 false인지 확인할 수 있다.

1.6.5 데이터로그

Datalog 기능은 프로그램 실행 중에 변수 및 센서 값을 저장할 수 있는데 데이터를 계속해서 모니터링 하는데 매우 유용하다. 메모리에 약 10000개의 데이터 지점(data point)을 저장하기 위한 공간으로 사용한다. 또한, 이들은 "Debug Display"와 "EV3→ FilesManagement" 메뉴에서 확인할 수 있다.

1.6.6 브레이크 포인트

Debug 윈도우는 코드의 탐색 및 단계별 실행이 가능하고, Debug 윈도우의 기본 탐색 기능과 브레이크 포인트를 적절히 이용하면 작성한 프로그램에 대한 충분한 디버깅이 가능하다. 브레이크 포인트 설정은 번호를 클릭하면 설정과 해제를 할 수 있다.

프로그램의 특정 코드의 수행상태 또는 그 코드가 수행될 때 기타 변수 값 등을 확인하기 위해서는 브레이크 포인트를 설정할 수 있다. 브레이크 포인트 설정은 소스코드의 행 옆 회색 라인을 클릭하면 빨간 원으로 표시된다. 브레이크 포인트가 설정된 경우 프로그램은 수행 중 브레이크 포인트에서 멈추며 "Break in task 'main'[0] at Task offset 003A"라는 메시지 창을 보여준다.

ROBOTC의 디버그 기능은 단계별 수행을 지원한다. 프로그램을 다운로드 후 디버그 창의 [Start]버튼을 누르면 프로그램이 실행되면서 현재 수행중인 코드가 녹색으로 하이라이트 된다. 이때 Refresh Rate에서 Continuous 클릭하여 계속적인 Refresh를 수행하도록 설정한다.

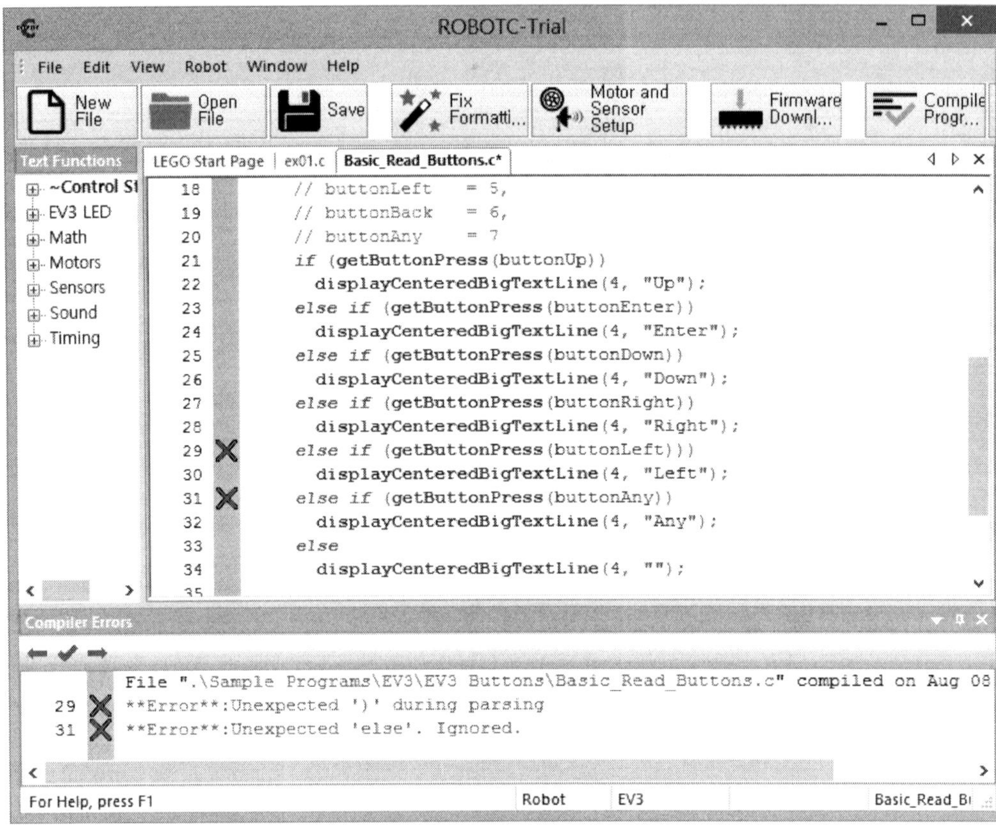

[그림 1-19] 프로그램 컴파일 에러 화면

2 구동 모터 제어

ROBOTC는 표준 C언어 프로그램 규칙을 따르는 텍스트 기반의 프로그램 언어이다. 프로그램을 작성할 때는 반드시 적어도 하나의 main() 함수를 갖고 있어야 하고, task main() 함수 안에 실행하고자 하는 프로그램을 기록하면 된다. 프로그램의 실행순서는 1번 줄부터 순차적으로 실행되고, 스페이스(space), 탭(tab)은 프로그램의 실행에 영향을 주지 않지만 프로그램의 가독성을 높이기 위해서 적절한 사용을 해야 한다. 세미콜론(;)은 모든 ROBOTC 프로그램 문장의 끝을 알려준다.

사용자가 프로그램을 작성하면서 파랑색이나 보라색으로 글씨가 나오면 ROBOTC가 그 단어를 매우 중요한 단어로 인식한다는 뜻이고 만약 검정색으로 글씨가 나오면 잘못 작성되었을 가능성이 매우 높다. 또한 ROBOTC가 인식하는 키워드는 자동으로 색상이 결정되어 표시된다. ROBOTC 컴파일러는 대문자와 소문자를 엄격하게 구분하므로, 'Task'와 'task'는 같지 않다.

EV3는 4개의 모터 출력포트(motorB, motorC)를 가지고 있다. 모터파워는 현재 건전지의 양에 따른 상대적인 비율로 -100%부터 100%까지 파워 레벨을 조절할 수 있다. 모터를 전진시키기 원한다면 모터의 출력을 [1 ~ 100%] 사이의 출력을 주고, 만약 후진을 시키기 원하면 [-100 ~ -1%]의 출력을 주면 된다. 그리고 정지를 하기 위해서는 0%의 파워를 주면 된다.

RobotC에서는 이러한 서보모터의 출력을 100단계로 조정가능하다. 즉, 모터의 파워를 조절할 수 있다. 또한 내부에 포토커플(Photo-couple)을 사용한 엔코더(회전 센서)가 내장되어 있으며 이 엔코더의 분해능은 1°이다. 즉 1° 단위로 모터를 제어할 수 있다는 뜻이다.(하지만

×작동 오차는 ±1°이다.)

서보 모터의 엔코더 값을 읽어 들여, 모터의 출력을 미세하고 좀 더 정확하게 조정가능하다. 또한 엔코더를 기본으로 하는 여러 함수들을 사용함으로서 섬세한 출력과 조종이 가능하다. 서보 모터의 엔코더 값은 모터의 회전 방향과 회전 각도에 따라서 실시간으로 증가하거나 감소하며, 임의로 값을 초기화시키거나 엔코더에 입력된 값을 임의로 읽어 들일 수 있다. 엔코더의 값이 0으로 초기화 시킨 후에는 바퀴의 회전에 따라서 엔코더 값이 실시간으로 바뀌어 저장되기 때문에 초기화 이후의 바퀴의 회전량을 알 수 있다. 엔코더의 값은 현재 서보 모터의 회전에 대한 정보를 정수 값으로 제공한다.

서보 모터의 출력 범위는 -100 ~ +100까지이며 -100은 최고 속도로 역회전, 0은 모터정지, +100은 최고 속도로 정회전이다. 범위를 넘어가는 경우, 예를 들어 -100보다 작은 출력은 -100으로 인식되고, +100보다 큰 출력도 +100으로 인식된다. EV3의 배터리 잔량에 따라 모터의 출력이 달라지기 때문에 엔코더를 활용하여 모터의 출력이 달라지는 것을 어느 정도 보완할 수 있다. 또한 엔코더의 회전 속도계를 활용하는 기능을 사용하면 모터의 회전을 원하는 각만큼 비교적 정확하게 제어가 가능하다.

2.1 모터의 이동거리 제어

일반적으로 모터의 회전량을 제어하기 위한 가장 간단한 방법은 시간을 사용하는 방법으로 wait1Msec(), wait10Msec() 등의 함수를 사용할 수 있지만 시간함수를 사용하면 모터의 회전거리를 정확하게 제어할 수 없기 때문에 미세한 동작을 원하는 경우에는 다른 방법이 필요하다. 이럴 때 모터의 회전 값이 기록되는 엔코더 값을 사용하여 모터의 회전량(각도)에 대한 비교적 정확한 데이터를 활용하여 모터에 연결된 바퀴의 반지름에 따른 이동거리를 정확히 제어할 수 있다.

- **모터의 엔코더 값을 사용하기 위한 nMoterEncoder[]**

  nMoterEncoder[모터이름]는 모터의 엔코더 값이 저장되는 배열을 지정하기 위한 내장 변수로 모터이름으로 지정된 모터의 엔코더 값을 읽어 들이거나 모터이름으로 지정된 모터의 엔코더에 임의의 값을 저장할 수 있는 기능을 제공한다.

  - **변수** = nMoterEncoder[motorB] : 모터B 엔코더 값을 변수에 저장
  - nMoterEncoder[motorB] = **값/변수/함수** : 지정한 값을 모터B 엔코더에 저장

✐ 실습예제 2-1: 두 개 모터의 연결

로봇에 두 개의 모터를 연결하여 2초 동안 70%의 모터 속도로 전진하는 프로그램을 작성하시오.

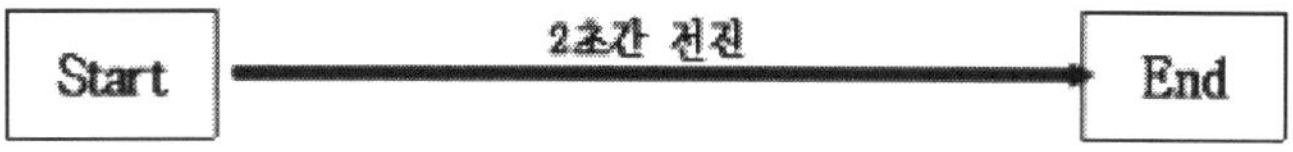

먼저, EV3 브릭의 포트 B와 포트 C에 라지 모터를 두 개 연결한다.

1번 포트
2번 포트
3번 포트
4번 포트

포트A
포트B - 라지 모터/왼쪽
포트C - 라지 모터/오른쪽
포트D
USB - PC 연결

다음으로 ROBOTC 프로그램을 시작해서, 아래와 같이 Motor and Sensor Setup 아이콘을 클릭해서 motorB와 motorC에 사용할 모터의 이름(Name)을 입력하고, Drive Motor Side에 motorB는 Left로, motorC는 Right로 아래 그림과 같이 각각 선택하면 자동으로 코딩된 프로그램이 스스로 화면에 나타난다.

	Name	Type	Reversed	Encoder	PID Control	Drive Motor Side
motorA		No motor				
motorB	motorB	EV3 Motor (Large)	☐	✓	✓	Left
motorC	motorC	EV3 Motor (Large)	☐	✓	✓	Right
motorD		No motor				

▶ 자동으로 생성되는 **선행처리문**(#pragma)에 의해서 모터를 설정해 준다.

```
#pragma config(Motor, motorB, ,  tmotorEV3_Large, openLoop)
#pragma config(Motor, motorC, ,  tmotorEV3_Large, openLoop)
//*!!Code automatically generated by 'ROBOTC' configuration wizard!!*//
```

▶ RobotC 프로그램

```
#pragma config(Motor, motorB, , tmotorEV3_Large, openLoop)
#pragma config(Motor, motorC, , tmotorEV3_Large, openLoop)
//*!!Code automatically generated by 'ROBOTC' configuration wizard!!*//

task main()
{
    motor[motorB] = 70;        // 왼쪽 모터 전진
    motor[motorC] = 70;        // 오른쪽 모터 전진
    wait1Msec(2000);           // 또는 sleep(2000); 사용 가능

}
```

- **motor[motorB] = 70;**

로봇에게 모터 포트B에 모터를 부착하여 70%의 파워로 정회전하라는 명령이다.

- **wait1Msec(time);**

로봇에게 일정한 시간(time)만큼 동작을 이전의 동작을 유지시켜주는 명령으로, 시간의 단위는 1/1000ms(1초)이다.

- **sleep(time);**

wait1Msec(time) 명령과 비슷하게 로봇에게 일정한 시간(time)만큼 동작하도록 하는 명령이다.

✐ 실습예제 2-2: 2초 동안 전진, 2초 동안 후진

로봇을 2초 동안 전진시키고 또 2초 동안 후진하는 로봇프로그램을 작성하라. 단, 돌아오면서 EV3에 내장된 사운드 소리를 내면서 돌아와야 한다.

```
#pragma config(Motor, motorB, ,  tmotorEV3_Large, openLoop)
#pragma config(Motor, motorC, ,  tmotorEV3_Large, openLoop)
//*!!Code automatically generated by 'ROBOTC' configuration wizard!!*//

task main()
{
    motor[motorB] = 70;        // 2초간 로봇 전진
    motor[motorC] = 70;
    wait1Msec(2000);

    motor[motorB] = -70;       // 2초간 로봇 후진하면서 비프 소리
    motor[motorC] = -70;
    playSound(soundBeepBeep);
    wait1Msec(2000);
}
```

- **playSound(soundBeepBeep);**

ROBOTC에서 미리 정의해 놓은 사운드 파일을 재생하는 함수이다. 이런 사운드 파일의 종류는 soundUpwardTones, soundShortBlip, soundLowBuzzShort, soundLowBuzz, soundLast, soundFastUpwardToncs, soundExccption, soundDownwardTones, soundBlip 등이 있다. 이렇게 긴 변수이름은 외워서 입력하려고 하면 어렵지만, 변수가 어떤 의미인지는 쉽게 파악할 수 있으므로 변수명을 잘 만들었다고 생각한다. 입력할 때는 "PlaySound("처럼 몇 글자를 입력하면 자동완성기능이 있으므로 변수 이름을 외우지 않아도 프로그램을 쉽게 할 수 있다.

✐ 실습예제 2-3: 2초 전진 후 90°회전 2초 직진

로봇을 2초 동안 전진 후 90° 회전하고 2초 동안 직진하는 프로그램을 작성하라.

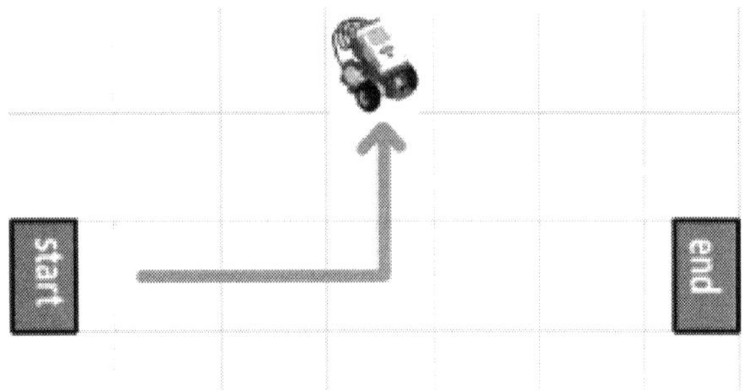


```
#pragma config(Motor, motorB, ,  tmotorEV3_Large, openLoop)
#pragma config(Motor, motorC, ,  tmotorEV3_Large, openLoop)
//*!!Code automatically generated by 'ROBOTC' configuration wizard!!*//

task main()
{
    motor[motorB] = 70;      // 2초간 로봇 전진
    motor[motorC] = 70;
    wait1Msec(2000);

    motor[motorB] = -70;     // 90도 좌회전
    motor[motorC] = 70;
    wait1Msec(500);

    motor[motorB] = 70;      // 2초간 로봇 전진 비프 소리
    motor[motorC] = 70;
    wait1Msec(2000);

    playSound(soundBeepBeep);    // 0.5초간 비프 소리
    wait1Msec(500);

}
```

✐ 실습예제 2-4: 랜덤시간 전진

랜덤함수를 사용해 1~3000 사이에 임의의 시간만큼 로봇을 직진시키고 비프 음을 0.5 초가 내는 프로그램을 작성하라.

```
#pragma config(Motor, motorB, ,  tmotorEV3_Large, openLoop)
#pragma config(Motor, motorC, ,  tmotorEV3_Large, openLoop)
//*!!Code automatically generated by 'ROBOTC' configuration wizard!!*//

task main()
{
    int wait_time;

    wait_time = random(3000);       // 랜덤함수를 이용한 직진시간

    motor[motorB] = 70;
    motor[motorC] = 70;
    wait1Msec(wait_time);

    playSound(soundBeepBeep);
    wait1Msec(500);
}
```

- **int wait_time;**

  이 문장은 random(3000)을 통해서 얻어질 1-3000 사이의 값을 지정할 정수형 변수 선언

- **random(3000);**

  1부터 3000사이에 임의의 값을 출력해주는 함수

✐ 실습예제 2-5: 3개의 컵을 통과

로봇이 다음 그림과 같이 3개의 컵을 통과하는 프로그램을 작성하라.

```
task main()
{
    motor[motorB] = 40;          // 2초간 전진하며 좌측회전
    motor[motorC] = 70;
    wait1Msec(2000);

    motor[motorB] = 70;          // 2초간 전진하며 우측회전
    motor[motorC] = 40;
    wait1Msec(2000);

    motor[motorB] = 40;          // 2초간 전진하며 좌측회전
    motor[motorC] = 70;
    wait1Msec(2000);

    playSound(soundBeepBeep);   // 0.5초간 비프 소리
    wait1Msec(500);

}
```

로봇의 바퀴 크기와 배터리 상태에 따라 전진하면서 컵을 통과하는 각도가 다르므로 모터의 파워를 조정해야 한다.

✐ 실습예제 2-6: 스윙, 포인트, 커브 경로

로봇을 2초씩 스윙, 포인트, 커브 턴하는 경로로 이동하고 0.5초간 비프음을 내도록 프로그램을 작성하라.

```
task main()
{
    motor[motorB] = 70;        // 스윙 턴
    motor[motorC] =  0;
    wait1Msec(2000);

    motor[motorB] = 70;        // 포인트 턴
    motor[motorC] = -70;
    wait1Msec(2000);

    motor[motorB] = 70;        // 커브 턴
    motor[motorC] = 30;
    wait1Msec(2000);

    playSound(soundBeepBeep);  // 0.5초간 비프 소리
    wait1Msec(500);

}
```

✐ 실습예제 2-7: 2초 전진 후 정지거리 측정

로봇을 2초 전진 후에 관성에 따라서 얼마나 더 이동하는지 측정하라.

```
task main()
{
    bFloatDuringInactiveMotorPWM = false;        // 모터 상태를 brake 모드로
    motor[motorB] = 100;                         // 최대 속도로 전진
    motor[motorC] = 100;
    wait1Msec(2000);

    playSound(soundBeepBeep);
    wait1Msec(500);
}
```

Pulse Width Modulation(PWM) 모터 속도를 제어하는 기법 중에 펄스 폭 변조(PWM)는 EV3 motor가 전원이 꺼진 상태에서 모터의 구동을 어떻게 처리할지를 택하는 부분이다. EV3 motor는 기본적으로 float 값을 가지고 있다. 옵션 값이 "false"로 되어있으면 모터가 brake mode값으로 세팅되어 바로 정지한다. 그러나 만약 "true"로 되어 있으면 모터 옵션 값이 brake float 값으로 세팅되어 관성을 유지하며 일정시간 계속 회전하게 되는 것이다.

bFloatDuringInactiveMotorPWM에 대한 정확한 이해를 하기 위해서 옵션 값을 "True"와 "False"로 각각 설정하여 이동거리를 측정하면 얼마나 차이가 나는지 알 수 있다.

2.2 실습과제: 직사각형 주행

(1) **문제** : 가로 100cm, 세로 50cm의 직사각형을 검정색 테이프로 만들고, 직사각형 테두리를 한 바퀴 회전하는 프로그램을 작성하라.

(2) 순서도 작성

(3) 프로그램 작성

```
task main()
{

}
```

2.3 ROBOTC 자료형과 연산

2.3.1 ROBOTC 데이터형

ROBOTC에서 자료형이란 프로그램에서 처리하고자 하는 자료의 형태를 의미한다. 이러한 자료형은 EV3에 있는 메모리영역의 크기를 결정하게 된다. ROBOTC에서 지원하는 일반적인 데이터형(Data type)은 아래와 같다.

[표 2-1] 데이터형의 종류 및 특징

데이터형	데이터형	메모리 크기	표현 범위	표현 범위
문자형 (character)	char	1바이트	-128~127	양수, 0, 음수
	unsigned char	1바이트	0~255	0, 양수
정수형 (integral)	int	2바이트	-32,768~32,767	양수, 0, 음수
	unsigned int	2바이트	0~65535	0, 양수
	long	4바이트	-2,147,483,648~2,147,483,647	양수, 0, 음수
실수형 (floating)	unsigned long	4바이트	0~4294967295	0, 양수
	float	4바이트	1.2E-38~3.4E38	양수, 0, 음수

2.3.2 변수(Variable)

(1) 정수형 변수

정수형 변수는 ROBOTC 프로그램 작성 중 가장 많이 사용하는 데이터형인 정수 형태의 자료를 표현하기에 적당하고, 정수형 변수 값을 출력할 때는 "%d"를 사용해야 한다.

```
task main()
{
    int x, y;       // 정수형 변수 선언
    x = 10;         // 정수형 변수의 초기화
    y = x * 3;
    motor[motorB] = y;
    motor[motorC] = y;
```

```
    writeDebugStreamLine("Motor Power = %d", y); // 정수형(%d)으로 쓴다.
    playSound(soundBeepBeep);
    wait1Msec(500);
}
```

(2) 실수형 변수

실수형 변수는 아주 큰 수나 아주 작은 수를 표현해야 하거나, 소수점을 포함하는 실수 자료를 표현할 때 적절하다. (예 : float x, y;)

실수형 변수를 출력할 때 "%f"를 사용한다. 특별히 소수점 아래에 자리수를 지정하고 싶을 때는 위의 예처럼 "%.2f"처럼 표현하고 이것은 소수 셋째 자리에서 반올림하여 소수점 2자리로 표현하는 것이다.

```
task main()
{
    float x, y;        // 실수형 변수 선언
    x = 10.5;          // 실수형 변수의 초기화
    y = x * 3.0;
    writeDebugStreamLine("number = %f", y);          // 실수형(%f)으로 쓴다.
    playSound(soundBeepBeep);
    wait1Msec(500);
}
```

- **writeDebugStreamLine("number = %f", y);**

  계산된 y 값을 실수형(%f)으로 DebugStreamLine에 쓴다.

- **writeDebugStreamLine("number = %d", y)**

  Menu levels은 robotC에 보이는 메뉴의 개수를 설정해주는 기능이다. 처음에는 Basic으로 되어 있는데 이것을 Expert 또는 Super User로 바꾸어 주어야 디버그 스트림을 열 수 있는 목록이 보인다.

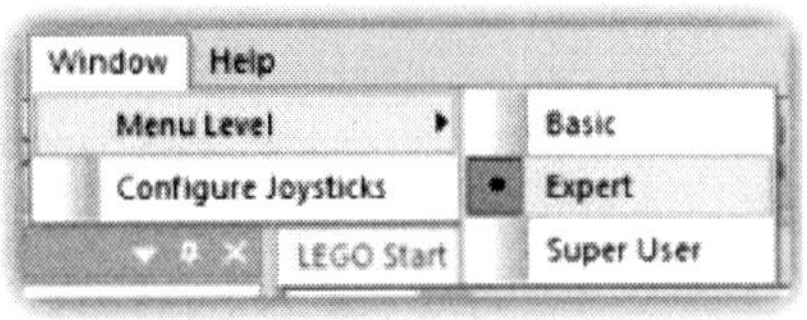

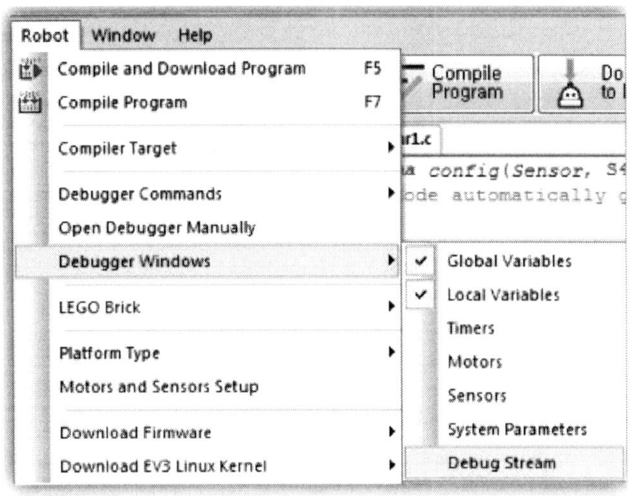

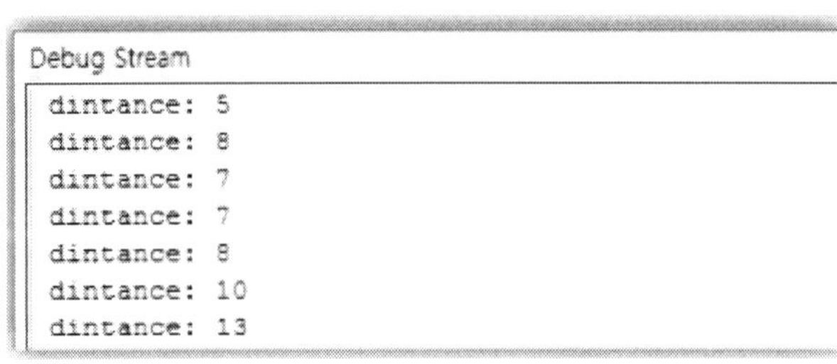

(3) 문자형 변수

ROBOTC에서 문자형 변수는 8비트의 영역을 차지하고 있다. 주로 ASCII(American Standard Code for Information Interchange, 미국 정보 교환 표준 부호) 문자를 표현하기 위해서 사용한다. "%c"는 문자를 표현하는 데 사용한다.

```
task main()
{
    char x;        // 문자형 변수 선언
    x = 65;        // 문자형 변수의 초기화
    writeDebugStreamLine("ASCII 숫자 = %d", x); // 문자 'A'에 해당하는 ASCII
    writeDebugStreamLine("ASCII 문자 = %c", x); // 65에 해당하는 ASCII 코드
    playSound(soundBeepBeep);
    wait1Msec(500);
}
```

출력 서식에 따르는 자료형과 의미에 대한 화면 출력 서식은 다음과 같다.

[표 2-2]

서식	자료형	의미
%d	int	정수형 자료를 표현
%u	unsigned int	부호 없는 정수형 자료를 표현
%c	char	문자형 자료를 표현
%s	string	문자열 자료를 표현
%f	float	실수형 자료를 표현

2.3.3 지역변수와 전역변수

여러 개의 함수에서 전역변수를 자주 접근하여 사용하면 변수의 값이 자주 바뀌게 되므로 프로그램을 작성하는데 어려움을 겪을 수 있다. 따라서 전역변수는 최소한으로 사용하는 것이 좋다.

(1) 지역변수(Local Variables)

함수의 내부에 정의된 변수이다. 지역 변수들은 함수의 실행이 시작될 때 메모리에 만들어지고, 함수가 종료될 때 메모리로부터 소멸된다.

```
task main()
{
    float x, y;                    // 실수형 지역변수 선언
    x = 1234.567;                  // 실수형 변수의 초기화

    y = x * 3.0;
    writeDebugStreamLine("number = %.2f", y);
    wait1Msec(3000);
    playSound(soundBeepBeep);
    wait1Msec(500);
}
```

(2) 전역변수(Global Variables)

전역 변수는 함수의 밖에 정의된 변수이다. 전역 변수는 지역 변수와는 달리 프로그램 내 모든 함수들이 이것을 사용할 수 있다. 함수들이 공유하는 데이터가 필요하다면 전역 변수를 만들어 사용하면 된다.

```
int x, y;              // 정수형 전역변수 선언
int add()
{
        return  x + y;
}
task main()
{
    x = 3;      // 정수형 전역변수의 초기화
    writeDebugStreamLine("x = %d", x);
    writeDebugStreamLine("x + y = %d", add());
    playSound(soundBeepBeep);
    wait1Msec(500);
}
```

main() 함수에서 변수 x를 선언하지 않았지만 전역변수로 이미 선언되어 있으므로 오류를 발생하지 않는다. 또한 add()함수 또한 변수를 선언하지 않았지만 전역변수로 선언된 변수 x, y를 접근할 수 있다. 여러 개의 함수에서 전역변수를 자주 접근하여 사용하면 변수의 값이 자주 바뀌게 되므로 프로그램을 작성하는데 어려움을 겪을 수 있다. 따라서 전역변수는 최소한으로 사용하는 것이 좋다.

3 제어문 활용

C언어 프로그램의 실행은 한 번에 하나씩, 위에서 아래로 순차적으로 실행한다. 그러나 프로그램의 제어를 하거나 효율을 향상하기 위해 이러한 순차적 실행을 변형한 구문을 제어문(control statement)이라고 한다. C언어에서 사용하는 제어문은 다음과 같이 조건문, 반복문 등이 있다.

- 조건문 : if문, switch문
- 반복문 : for문, while문, do ~ while문
- 기타 : break문, continue문, goto문, return문

3.1 while 제어문

반복문(iterative statement)이란 특정 조건을 주고 그 조건이 만족될 때까지 계속해서 같은 일을 반복시키는 명령어이다. while문을 구성할 때 반복의 조건과 반복의 대상을 정확히 명시해야 한다. while문은 주어진 '반복 조건'이 '참'인 동안 '반복의 영역'을 반복 실행한다.

while문은 (조건식)이 참(1)이면 [실행문1]을 반복 실행하고, (조건식)이 거짓(0)이면 [실행문2]만을 수행한다.

```
while(조건식) 실행문1;
실행문2;
```

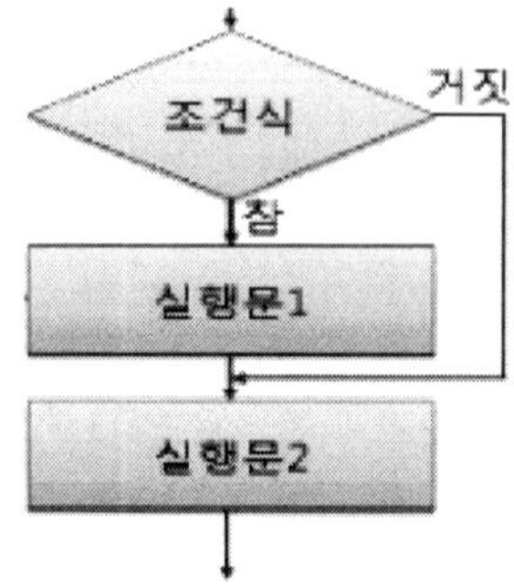

다음과 같은 while문의 경우는 다르게 실행된다.

```
while (조건식) {
   실행문1
   실행문2
}
```

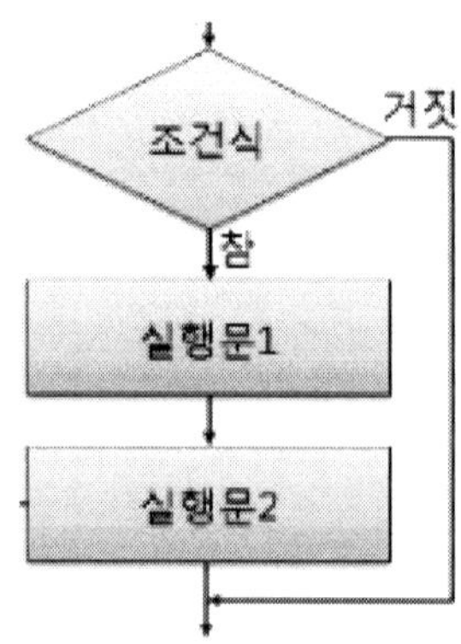

while문을 이용한 무한 반복을 구성한다. 무한 반복도 소프트웨어 개발에서 흔히 사용되는 기술 중 하나이다. while문은 (조건식)이 참(1)이면 [실행문1]과 [실행문2]를 최소한 1회 수행한 후 (조건식)이 거짓(0)이면 프로그램은 종료한다.

```
do { 실행문1;
       실행문2;
} while(조건식)
```

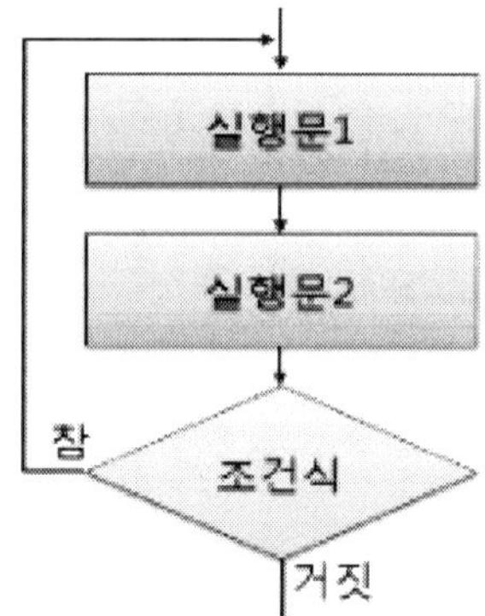

do-while 문은 반복 문장을 일단 한번 실행 한 후 while 제어문의 조건식을 검사하고, 조건식의 값이 처음부터 거짓이라도 반복 문장은 최소한 한번은 실행된다. 이외에는 while 문과 동일하다.

✐ 실습예제 3-1: while 문과 타이머를 이용한 로봇 제어

while 문의 조건으로 타이머를 사용하여 로봇을 2초간 전진하고 사운드를 1초 동안 출력하는 프로그램을 작성하라.

```
task main ( )
{
   clearTimer(T1);
   while (time1[T1] 〈 2000)
   {
      motor[motorB] = 70;
      motor[motorC] = 70;
   }

   playSound (soundBeepBeep);
   wait1Msec(1000);
}
```

- clearTimer(T1); 타이머를 초기화 한다.
- timer1[T1]; time1의 시간을 카운트 한다.

✐ 실습예제 3-2: while 문을 이용한 로봇 제어

로봇이 0.5초간 전진과 후진을 10번 동안 반복하고 사운드를 출력하는 프로그램을 작성하라.

```
task main ( )
{
   int i = 0;
   while (i < 10)
   {
      motor[motorB] = 70;
      motor[motorC] = 70;
      wait1Msec(500);

      motor[motorB] = -75;
      motor[motorC] = -75;
      wait1Msec(500);
      i++;
   }

   playSound (soundBeepBeep);
   wait1Msec(500);
}
```

▸ i++는 i = i+1을 의미하는 증감연산자이다.

✐ 실습예제 3-3: do-while 문을 이용한 로봇 제어

로봇이 0.5초간 전진과 후진을 10번 동안 반복하고 사운드를 출력하는 프로그램을 do-while 문을 사용해서 작성하라.

```
task main ( )
{
   int i = 0;
   do
   {
      motor[motorB] = 70;
      motor[motorC] = 70;
      wait1Msec(500);

      motor[motorB] = -75;
      motor[motorC] = -75;
      wait1Msec(500);
     i++;
    } while (i < 10)

    playSound (soundBeepBeep);
    wait1Msec(500);
}
```

3.2 실습과제: while 문 활용

(1) 문제 : 가로 100cm, 세로 50cm의 직사각형을 검정색 테이프로 만들고, 직사각형 테두리를 세 바퀴 회전하는 프로그램을 while 문으로 작성하라.

(2) 순서도 작성

(3) 프로그램 작성

```
task main()
{



}
```

3.3 if 제어문

if 문은 (조건식)이 참(1)이면 [실행문1], 거짓(0)이면 [실행문2]을 수행한다.

```
if (조건식) 실행문1
else 실행문2
```

다음과 같은 if 문의 조건식이 참이면 실행문1과 실행문2를 처리하고, 거짓이면 아무런 처리도 하지 않는다. 한 조건에 대해 여러 문장 실행 시 문장들을 { }으로 묶어서 사용한다.

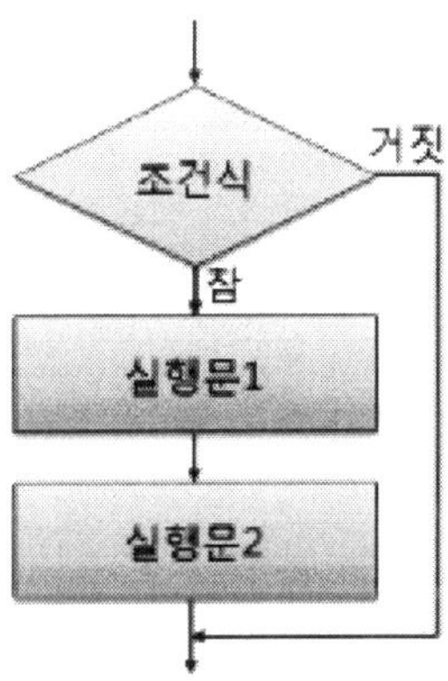


```
if (조건식) {실행문1
실행문2
}
```

다음과 같이 if문을 변경한 경우는 어떨까?

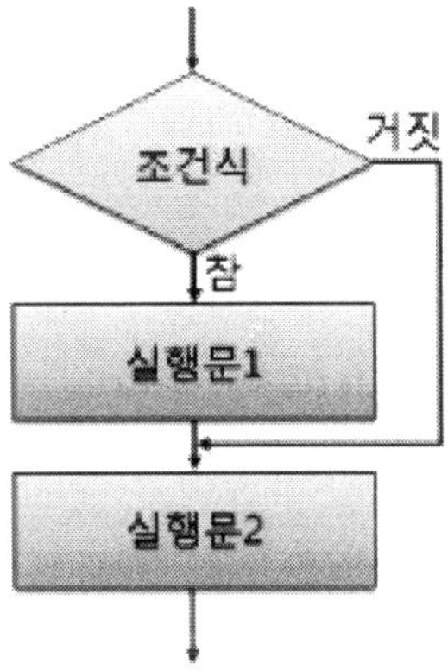


```
if (조건식) 실행문1
실행문2
```

조건식이 참인 경우만 실행문1과 실행문2가 연속해서 수행되지만, 거짓이면 실행문2만 수행된다.

조건식이 여러 개인 경우는 if 문은 각각의 해당하는 조건식의 실행문만을 수행한다. (조건식1)이 참이면 [실행문1]을 수행하고, (조건식1)이 거짓이고 (조건식2)가 참이면 [실행문2]만 수행하고 이렇게 진행하다가 모두 거짓이면 [실행문n]만 수행한다. break를 만나면 반복문 while()을 빠져 나간다.

```
if (조건식1) 실행문1;
else if (조건식2) 실행문2;
    . . .
else 실행문n;
```

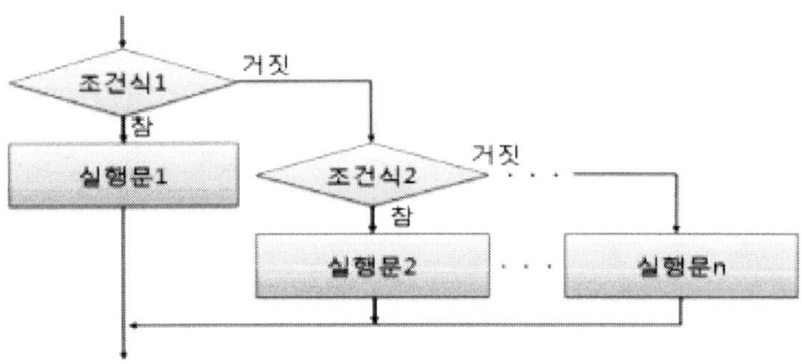

break문은 각종 반복문을 빠져나가는데 사용된다. 이 break문을 if문과 결합하면 무한 반복을 다양한 형태로 사용할 수 있다.

continue문은 실행하던 반복문의 나머지 부분을 생략하고 프로그램의 흐름을 조건 검사 부분으로 이동시킨다.

> if (f<0) break;
>
> · if(f<0) : f가 0보다 작으면 문장을 실행
> · break : 조건이 참이면 while() 문을 빠져 나감

✐ 실습예제 3-4: if 문을 이용한 로봇 제어

랜덤함수를 이용하여 난수값을 100 범위에서 생성하여, if 함수를 이용하여 난수값이 50 보다 크면 1초간 직진하고 직진 후 사운드를 출력하는 프로그램을 작성하라.

```
task main ( )
{
   int number;
   clearDebugStream();
   number = random (100);
    writeDebugStreamLine("random No.: %d", number);

   if ( number > 50 )
    {
      motor[motorB] = 50;
      motor[motorC] = 50;
      wait1Msec(1000);
    }
    playSound (soundBeepBeep);
    wait1Msec(500);
}
```

▸ random(100); 0~100 사이의 난수를 발생한다.

실습예제 3-5: if 문을 이용한 로봇 제어

랜덤함수를 이용하여 난수값을 100 범위에서 생성하여, if 함수를 이용하여 난수값이 50 보다 크면 우회전, 값이 같거나 작으면 좌회전하고, 직진후 사운드를 출력(모드 추가)하는 프로그램을 작성하라.

```
task main ( )
{
   int number;
   while(true)
   {
     number = random (100);
     if ( number > 50 )
     {
        motor[motorB] = 75;
        motor[motorC] = 50;
        wait1Msec(500);
     }
     else
     {
        motor[motorB] = 50;
        motor[motorC] = 75;
        wait1Msec(500);
     }
   }
     PlaySound (soundBeepBeep);
     wait1Msec(500);
}
```

3.4 ROBOTC 연산 및 우선순위

ROBOTC도 비주얼 C와 마찬가지로 연산에는 관계연산, 논리연산, 산술연산이 있고 사용하는 방법도 거의 유사하다.

3.4.1 관계연산자

관계연산자는 반복문 또는 조건문에서 사용할 수 있는데 로봇에 연결된 센서의 입력값의 크기나 조건 등을 비교하여 사용할 수 있다.

A〈B	A가 B보다 작다.
A〉B	A가 B보다 크다.
A〈=B	A가 B보다 작거나 같다.
A〉=B	A가 B보다 크거나 같다.
A==B	A와 B가 같다.
A!=B	A와 B가 다르다.

```
task main()
{
   int A = 10, B = 5;
   clearDebugStream();
   if (A != B)  {              // A와 B가 같지 않으면 실행
      writeDebugStreamLine("True“);
      playSound(soundBeepBeep);
      wait1Msec(500);
   }
}
```

3.4.2 논리연산자

논리 연산자를 사용하면 여러 개의 관계연산자를 복합적으로 사용할 수 있다. 논리연산자에는 AND(&&), OR(||), NOT(!)이 있으면 그 결과값이 참이면 1(Truc), 거짓이면 0(False) 값을 갖는다.

A && B	A와 B가 모두 참일 때 참
A || B	A와 B중 하나 이상이 참일 때 참
!A	A의 현재 상태의 반대

```
task main()
{
    int A = 10, B = 5;
    clearDebugStream();
    if (A > 10 && B < 10) {        // A가 10보다 크고 B가 10보다 작으면 실행
        writeDebugStreamLine("True");
        playSound(soundBeepBeep);
        wait1Msec(500);
    }
}
```

3.4.3 연산자 우선순위

[표 3-1]

우선순위		연산자	연산방향
괄호, 구조체, 공용체			좌 → 우
단항연산자		! ~ ++ -- -부호, +부호 * &sizelf	우 → 좌
이항연산자	승제	* / %	좌 → 우
	가감	+ -	
	SHIFT	≪ ≫	
	비교	≫= ≪=	
	등가	== !=	
	bit AND	&	
	bit XOR	^	
	bit OR	|	
	논리 AND	&&	
	논리 OR	||	
조건연산자		? :	우 → 우
대입연산자		= += -= *= /= %= ≫= ≪= &= ^= |=	우 → 우
나열연산자			좌 → 우

3.5 실습과제: if 조건문 활용

(1) 문제 : 가로 100cm, 세로 50cm의 직사각형을 검정색 테이프로 만들고, 직사각형 테두리를 한 바퀴 회전하고, 반대 방향으로 한 바퀴 회전하는 프로그램을 if 조건문으로 작성하라.

(2) 순서도 작성

(3) 프로그램 작성

```
task main()
{

}
```

3.6 for 제어문

대표적으로 반복문을 처리하는 방법이 for 문으로, 초기값에서 시작하여 조건식까지 각 루프마다 증감하여 실행문을 순차적으로 처리한다.

for 문	사용 형식	for(초기값; 조건식; 증감) {
		  실행문;
		}

	사용 예제	for(i=1;i<5;i=i+1) motor[motorB] = 70;

예제는 i를 1부터 시작해서 모터 하나를 70% 파워로 전진시키고 다시 i를 1씩 증가시켜 조건식(i<5)을 만족하면 전진한다. 만약 i가 5가 되어 조건식이 거짓(false)이 되면 for 문을 벗어나고 정지한다.

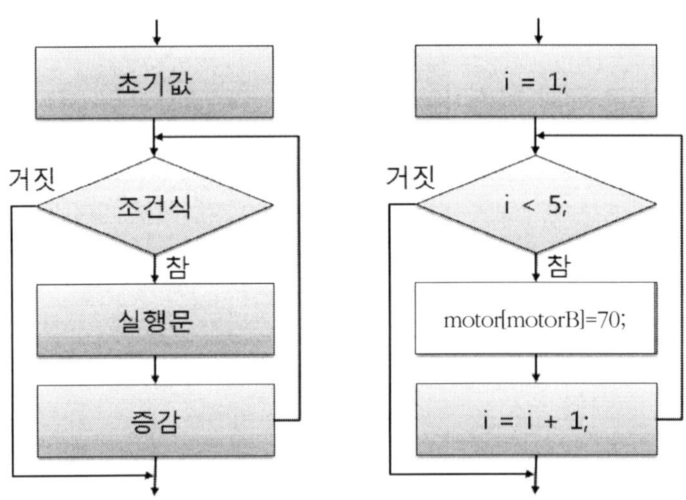

✐ 실습예제 3-6: for 문을 이용한 로봇 제어

for문을 사용하여 로봇의 전진과 후진을 20번 동안 반복하고 사운드를 출력하는 프로그램을 작성하라.

```
task main ( )
{
  int i ;
  for(i = 0; i< 20; i++)
  {
     motor[motorB] = 75;
     motor[motorC] = 75;
     wait1Msec(500);
     motor[motorB] = -75;
     motor[motorC] = -75;
     wait1Msec(500);
  }
    PlaySound (soundBeepBeep);
    wait1Msec(500);
}
```

3.7 switch 제어문

여러 명령을 실행할 때 선택적으로 하고 싶을 때 switch문을 이용하면 편리하다. 즉 다수의 선택을 갖는 경우에 switch문을 사용한다. switch(변수)는 실행하고자 하는 변수를 switch의 괄호 안에 넣어주면 여러 개의 case 중에서 해당 변수의 아래 문장이 계속 실행되고, break문을 만나면 switch문을 종료한다. 그러므로 break를 적절하게 사용하는 것이 중요한 점이다. 만약 원하는 선택(변수의 값)이 없으면 마지막에 위치하는 default 이후를 실행한다.

```
switch(변수) {
    case 변수 값1:
  명령어1; ...
        명령어2;
        break;(케이스의 끝을 알림)
    case 변수 값2:
  명령어3; ...
        명령어4;
        break;(케이스의 끝을 알림)
     default:
  명령어5; ...
}
```

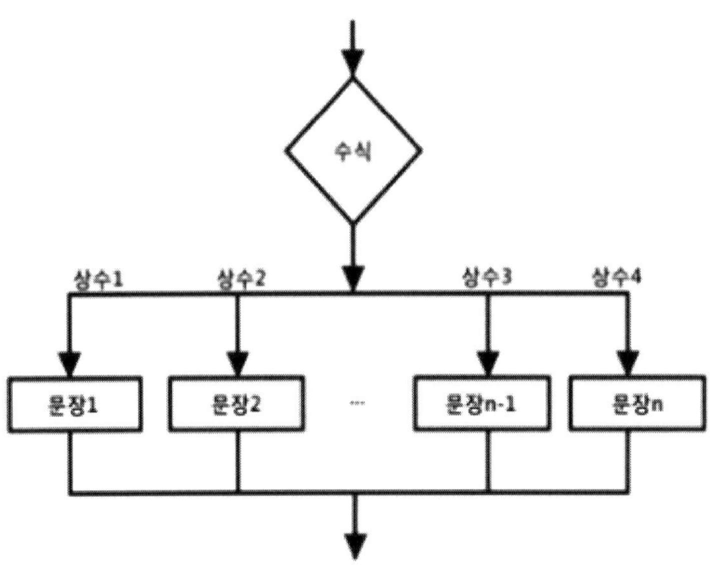

✐ 실습예제 3-7: if ~ else 문을 이용한 로봇 제어

switch문을 사용하여 버튼을 눌러서 로봇을 원하는 방향으로 움직이도록 프로그램을 작성하시오. 왼쪽 버튼은 좌회전, 오른쪽 버튼은 우회전, 엔터버튼은 전진, Back 버튼은 후진, 나머지 버튼을 누르면 정지로 한다.

```
#pragma config(Sensor, S2,      motorB,         sensorNone)
#pragma config(Sensor, S3,      motorC,         sensorNone)

task main ( )
{
  while(true)
  {
    if(getButtonPress(buttonLeft)) {
          motor[motorB] = 0;
          motor[motorC] = 100;
     }
    else if(getButtonPress(buttonRight)) {
          motor[motorB] = 100;
          motor[motorC] =0;
     }
    else if(getButtonPress(buttonEnter)) {
          motor[motorB] = 100;
          motor[motorC] = 100;
     }
    else if(getButtonPress(buttonBack)) {
          motor[motorB] = -100;
          motor[motorC] = -100;
     }
    else {
          motor[motorB] = 0;
          motor[motorC] = 0;
     }
  }
}
```

✐ 실습예제 3-8: switch문을 이용한 로봇 제어

실습예제 3-7의 if ~ else 문을 switch문으로 사용하여 변경하라. 실습예제 3-7과 동일하게 버튼을 눌러서 로봇을 원하는 방향으로 움직이도록 프로그램을 작성하시오. EV3의 버튼들은 bool 값만을 반환하므로 switch 문에 인수값으로 쓸 수 없다. 오직 if 조건에서만 받아 사용할 수 있으므로 시스템에서 mapping된 버튼값들을 받아 사용할 수 있게 프로그램을 작성해 본다.

```
#pragma config(Sensor, S2,      motorB,         sensorNone)
#pragma config(Sensor, S3,      motorC,         sensorNone)

task main ( )
{
  switch(getButtonPress(button) )
  {
    case buttonLeft: // 왼쪽 버튼(5)
        motor[motorB] = 0;
        motor[motorC] = 100;
        break;
    case buttonRight: // 오른쪽 버튼(4)
        motor[motorB] = 100;
        motor[motorC] =0;
        break;
    case buttonEnter: // 엔터 버튼(2)
        motor[motorB] = 100;
        motor[motorC] = 100;
        break;
    case buttonBack: // Back 버튼(6)
        motor[motorB] = -100;
        motor[motorC] = -100;
        break;
    default : // 기타 버튼
        motor[motorB] = 0;
        motor[motorC] = 0;
  }
}
```

3.8 실습과제: switch 문 활용

(1) 문제 : 가로 100cm, 세로 50cm의 직사각형을 검정색 테이프로 만들고, EV3 브릭의 버튼의 누름에 따라 직사각형 테두리의 회전 회수에 따라 반복하는 프로그램을 while 문으로 작성하라. 단, 왼쪽 버튼은 1회전, 오른쪽 버튼은 2회전, 엔터 버튼은 1회전 시계방향 후 1회전 반시계 방향 회전, Exit 버튼을 누르면 3회전 한다.

(2) 순서도 작성

(3) 프로그램 작성

```
task main()
{

}
```

4 함수 활용

C언어 프로그램 내에서는 반복적으로 사용하는 작업을 모듈로 만들어 사용하는 것을 함수(function)라 한다. 함수를 만들어 놓으면 내부 처리과정을 신경 쓰지 않아도 함수의 호출만으로 정확한 출력을 확인 할 수 있다. 함수의 종류는 다음과 같다.

- 프로그램의 처음을 알리는 main **함수**
- 제작사에서 제공하는 **표준 라이브러리 함수**
- 프로그래머가 필요에 따라 만들어 사용하는 **사용자 정의 함수**

함수(function)는 일련의 동작들을 하는 코드들을 하나의 이름으로 묶은 모듈로써 작은 프로그램(subprogram)이며, 인자(argument)를 받아서 결과값을 내는 모듈이기도 하다. 정리하면 함수는 어떤 특정 동작을 처리하도록 설계된 프로그램 코드를 포함하고 있는 하나의 프로그램 단위라고 정의할 수 있다. 프로그램의 관리, 코드의 재사용 및 수정 또는 오류를 찾는 등의 작업은 main함수 한 개로 구성된 프로그램을 대상으로 하는 것보다 분할하여 여러 개의 함수로 작성하여 수행하는 것이 효율적이다. 앞서 이야기한 바로 C언어는 함수들로 구성된 프로그램언어이다. C언어에서의 함수는 C언어에서 미리 생성해 놓은 라이브러리 함수(내장 함수)와 사용자가 필요에 의해 생성하는 사용자 정의의 함수의 두 가지 종류가 있다.

4.1 함수의 정의

함수가 동작해야 하는 내용을 C언어로 코드화한 부분이며 함수의 머리 부분(head)과 본체(body)로 구성되어 있다. 함수이름은 변수이름을 지정하는 방법과 동일하다. 함수의 정의 형태는 다음과 같다.

void	forward	(int speed,	int time)
①	②	③	④

① Return ② 데이터형 함수명 (③ 데이터형 매개변수, ④ 데이터형 매개변수)
(* 함수정의에서 머리 부분에는 세미콜론을 붙이지 않음)

Return되는 데이터 형을 기록하고 다음에 함수 이름을 기록하고, 매개변수들이 없거나 있을 수 있다. 단, 매개변수를 사용하려면 호출하는 쪽의 매개변수의 개수와 받는 쪽의 매개변수의 개수가 같아야 한다.

사례 1 입력받은 값을 저장한 num변수에 10을 더한 결과를 반환시키는 함수

```
int sum(int num)
{
    int sum10;
    sum10 = num + 10:
    return sum10;
}
```

✐ 실습예제 4-1: 함수를 이용한 프로그램 작성

함수를 사용하여 로봇의 전진과 후진을 2회 반복하는 프로그램을 작성하라. 사용자 정의 함수를 사용하면 보다 효율적인 프로그래밍을 할 수 있다.

```
task main ( )
{
  // 전진
  motor[motorB] = 75;
  motor[motorC] = 75;
  wait1Msec(2000);
  // 후진
  motor[motorB] = -75;
  motor[motorC] = -75;
  wait1Msec(2000);

  // 전진
  motor[motorB] = 75;
  motor[motorC] = 75;
  wait1Msec(2000);
  // 후진
  motor[motorB] = -75;
  motor[motorC] = -75;
  wait1Msec(2000);
}
```

➡

```
void forward ( )
{
  motor[motorB] = 75;
  motor[motorC] = 75;
  wait1Msec(2000);
}
void reverse ( )
{
  motor[motorB] = -75;
  motor[motorC] = -75;
  wait1Msec(2000);
}

task main ( )
{
  forward( );
  reverse( );

  forward( );
  reverse( );
}
```

forward() 및 reverse() 함수를 먼저 만들고, 이를 main() task에서 2회 호출해서 사용한다.

✐ 실습예제 4-2: 매개변수를 이용한 프로그램 작성

함수에 매개변수를 사용하여 로봇의 전진과 후진을 2회 반복하는 프로그램을 작성하라. 사용자 정의 함수에 매개변수를 사용하여 더욱 간략화 하여라.

전진과 후진 함수의 속도와 시간을 다르게 설정하려면 매개변수를 받아 처리하는 함수로 제작하면 된다.

```
void forward ( )
{
   motor[motorB] = 75;
   motor[motorC] = 75;
   wait1Msec(2000);
}
void reverse ( )
{
   motor[motorB] = -75;
   motor[motorC] = -75;
   wait1Msec(2000);
}

task main ( )
{
   forward( );
   reverse( );

   forward( );
   reverse( );
}
```

➡

```
void move (int speed, int time)
{
   motor[motorB] = speed;
   motor[motorC] = speed;
   wait1Msec(time);
}

task main ( )
{
   move(75, 2000);
   move(-75, 2000);
   move(75, 2000);
   move(-75, 2000);

}
```

forward()와 reverse() 함수에서 모터의 값만 변경할 수 있도록 매개변수를 사용하면 프로그램이 더욱 간단하고 효율화 될 수 있다.

4.2 모듈 프로그램의 작성 및 사용

모듈단위로 작성된 함수 프로그램을 하나의 파일에 저장하고, #include 문을 통해서 함수의 불러오기를 사용하여 프로그램의 소스가 매우 길어지는 문제를 해결할 수 있다.

✐ 실습예제 4-3: #include 를 사용한 모듈 프로그램 작성

실습 4-2에서 작성한 forward()와 reverse() 함수 프로그램을 move.c 파일에 저장하고, 별도의 main() 프로그램을 작성하는 파일에서 move.c 프로그램을 불러서 사용하는 프로그램을 작성하여라.

```
#include "move.c"

task main( )
{
   forward(75, 2000);
   reverse(-75, 2000);
   forward(75, 2000);
   reverse(-75, 2000);
}
```

〈move.c 파일내용〉

```
void forward( int speed, int time)
{
   motor[motorB] = speed;
   motor[motorC] = speed;
   wait1Msec(time);
}
void reverse( int speed, int time)
{
   motor[motorB] = speed;
   motor[motorC] = speed;
   wait1Msec(time);
}
```

✐ 실습예제 4-4: 전처리기를 사용한 프로그램 작성

프로그램에서 자주 반복되는 값을 프로그램의 맨 위에 정의하면 매우 편리하다. 모터의 속도를 50으로 하고 반복되는 시간을 2초로 할 수 있는 프로그램을 전처리기(preprocessor)를 사용하여 작성하라.

```
#define SPEED 50
#define TIME 2000

task main( )
{
motor[motorB] = SPEED;
motor[motorC] = SPEED;
wait1Msec (TIME);
}
```

- 컴파일 전에 프로그램에 대해서 정의하여 대체(replace) 하도록 하는 기능
- 하나의 기호상수나 자료 형을 다른 이름으로 대치시키도록 전처리기에 설정
- 매크로 상수가 실행되면 정의된 기호상수가 대치
- main() 함수가 시작되기 전에 먼저 정의해서 사용 정의 후에 사용
- 모두 공백 없이 대문자로 사용하며 세미콜론을 사용하지 않는다.

✐ 실습예제 4-5: 함수를 사용한 프로그램 작성

switch문을 사용한 아래의 프로그램을 move( ) 함수를 사용하여 프로그램을 간략하게 작성하여라.

```
task main ( )
{
   while(true)
   {
      switch(getButtonPress(button))
      {
         case buttonLeft: // 왼쪽 버튼
                 motor[motorB] = 0;
                 motor[motorC] = 100;
                 break;
         case buttonRight: //오른쪽버튼
                 motor[motorB] = 100;
                 motor[motorC] =0;
                 break;
         case buttonEnter:  //엔터 버튼
                 motor[motorB] = 100;
                 motor[motorC] = 100;
                 break;
         case buttonUp:  //Up 버튼
                 motor[motorB] = -100;
                 motor[motorC] = -100;
                 break;
         default :
               motor[motorB] = 0;
               motor[motorC] = 0;
      }
   }
}
```

```
void move(int speed1, int speed2)
{
   motor[motorB] =
   motor[motorC] =
}
task main()
{
   while(true)
   {
      switch(getButtonPress)
      {
         case ButtonLeft:
               ______________
               break;
         case ButtonRight:
               ______________
               break;
         case ButtonEnter:
               ______________
               break;
         case ButtonUp:
               ______________
               break;
         default :
                ______________
      }
   }
}
```

5 터치센서 활용

EV3에 있는 터치센서는 빨강 버튼이 눌릴 때와 눌리지 않을 때를 감지할 수 있는 아날로그 센서이고, 간단하지만 매우 정밀하게 버튼의 상태를 감지한다. 또한 한번 누르는 것과 여러 번 누르는 것을 감지할 수 있고, 동작과 멈춤을 제어하기 위해 사용할 수 있으며 다양한 분야에 사용할 수 있는 특징을 가지고 있다.

5.1 터치센서 설정

EV3의 터지센서의 상태에 따라서 누름, 놓음, 눌렀다가 놓음, 놓았다가 누름 등에 따른 입력되는 센서의 값과 센서 값의 변화를 아래 표에 나타내었다.

[표 5-1]

센서의 상태	입력되는 센서 값	센서 값의 변화
눌림	1	1 유지
눌리지 않음	0	0 유지
눌렀다가 놓음	변화함	1 → 0 변화
놓았다가 누름	변화함	0 → 1 변화

✐ 실습예제 5-1: 터치센서를 누르면 소리를 내는 프로그램

터치센서를 누르면 소리가 나는 프로그램을 작성하여라.

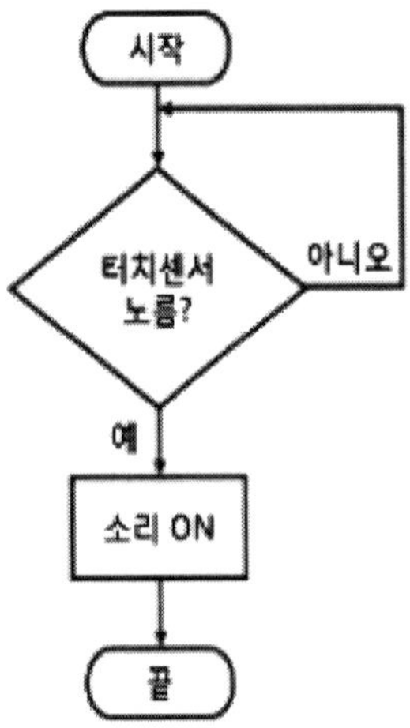


```
#pragma config(Sensor, S1, touch,
 sensorEV3_Touch)

task main( )
{
    while(SensorValue(touch) ==0);
    PlaySound (soundBeepBeep);
    wait1Msec (1000);
}
```

- SensorValue() 함수: ()에 입력한 센서로부터 값을 읽어 들인다.
- while(SensorValue(S1) == 0); 터치센서로부터 값을 읽지 않으면 반복한다.

✐ 실습예제 5-2: 터치센서를 누르는 동안 전진

터치센서를 누르는 동안은 로봇이 계속해서 50%의 파워로 전진하도록 프로그램을 작성하여라.

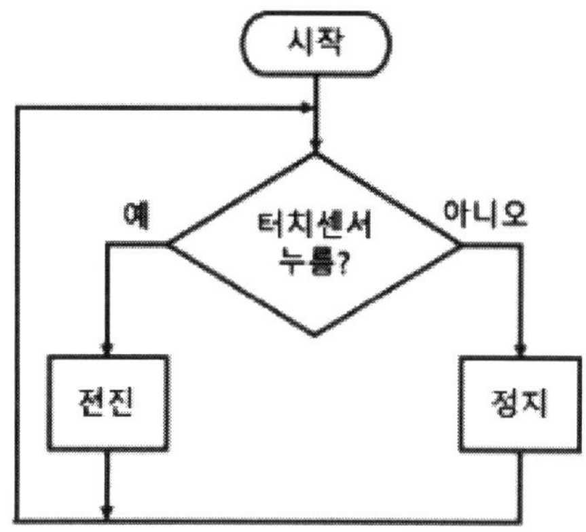


```
#pragma config(Sensor, S1, touch, sensorEV3_Touch)

task main( )
{
    while(true)
    {
        if(SensorValue(touch) == 1) {
            motor[motorB] = 50;
            motor[motorC] = 50;
        }
        else {
            motor[motorB] = 0;
            motor[motorC] = 0;
        }
    }
}
```

- while(true)는 항상 반복하는 문장
- if(SensorValue(S1) == 1); 터치센서를 누르면 60% 파워로 전진하고
- else는 터치센서를 누르지 않으면 로봇이 멈춘다.

✐ 실습예제 5-3: 터치센서를 누르면 LED 색상 변경

터치센서를 누르는 동안은 EV3 브릭의 버튼에 빨간 LED를 키고, 누르지 않으면 초록 LED를 켜도록 프로그램을 작성하여라.

```
#pragma config(Sensor, S1, touch, sensorEV3_Touch)

task main( )
{
     while(true)
     {
         if(SensorValue[touch]==1)  {
             setLEDColor(2);
         }
         else {
           setLEDColor(1);
         }
     }
}
```

setLEDColor(칼라숫자); EV3 브릭 버튼의 색이 점멸하도록 한다. 칼라숫자에 따른 해당 색과 명령은 다음과 같다.

0: ledoff	1: ledGreen	2: ledRed	3: ledOrange
4: legGreenFlash	5: ledRedFlash	6: ledOrangeFlash	7: ledGreenPulse
8: ledRedPulse	9: ledOrangePulse		

✐ 실습예제 5-4: 터치센서를 누를 때마다 전진과 멈춤을 반복

터치센서를 누를 때마다 로봇이 50%의 파워로 전진과 멈춤을 반복하도록 프로그램을 작성하여라.

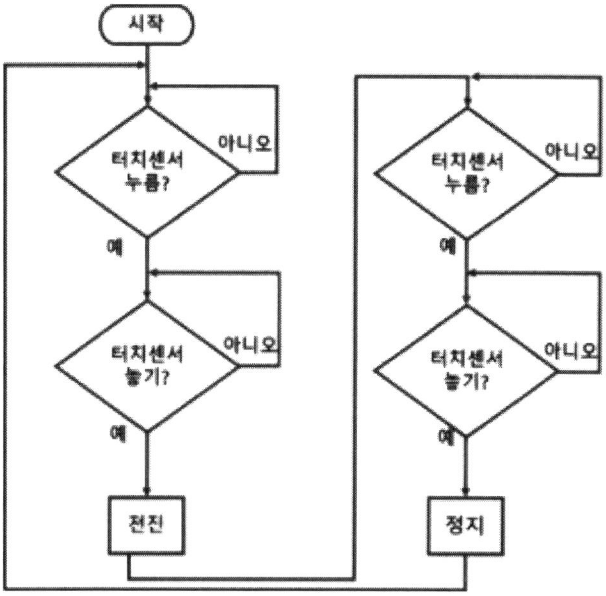


```
#pragma config(Sensor, S1, touch,  sensorEV3_Touch)
task main( )
{
  while( true)
  {
    while(SensorValue(touch) == 0);
    while(SensorValue(touch) == 1);
    motor[motorB] = 50;
    motor[motorC] = 50;
    while(SensorValue(touch) == 0);
    while(SensorValue(touch) == 1);
    motor[motorB] = 0;
    motor[motorC] = 0;
  }
}
```

- while(SensorValue(S1) == 0); 터치센서를 누르지 않으면 반복을 종료
- while(SensorValue(S1) == 1); 터치센서 누르면 반복 종료, 다음명령 수행

✐ 실습예제 5-5: 터치센서를 누를 때 후진과 우회전

터치센서를 누르기 전까지 50%의 파워로 전진을 하다가 누르게 되면 1초간 후진과 우회전을 하는 프로그램을 작성하고, 우측에 순서도를 작성하여라.

```
#pragma config(Sensor, S1, touch, sensorEV3_Touch)

task main( )
{
  while( true)
  {
      motor[motorB] = 50;
      motor[motorC] = 50;
      if(SensorValue(touch) ==1)
      {
          motor[motorB] = -50;
          motor[motorC] = -50;
          wait1Msec(1000);

          motor[motorB] = 0;
          motor[motorC] = -50;
          wait1Msec(1000);
      }
  }
}
```

5.2 실습과제: 터치센서 활용

(1) 문제 : 가로 100cm, 세로 50cm의 직사각형을 검정색 테이프로 만들고, EV3 터치센서의 누르면 직사각형 테두리의 회전 방향을 바꾸어서 반복하는 프로그램을 작성하라.

(2) 순서도 작성

(3) 프로그램 작성

```
task main()
{

}
```

6 라인 탐색

밝고 어두움의 명암은 특정한 값을 경계로 나누어지는 것이 아니라 연속적으로 변화하며, 어두운 곳과 밝은 곳을 나눈다면 아래와 같이 어두운 영역과 밝은 영역을 정의할 수 있다.

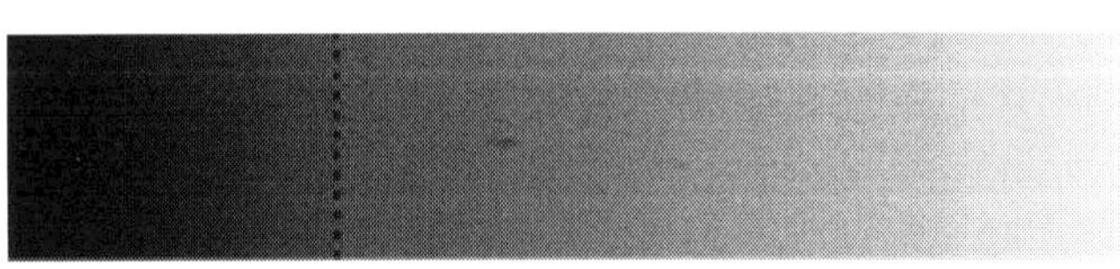

0 ⇒ 어두운 영역 밝은 영역 ⇐ 100

[그림 6-1] 명암에 따른 센서의 값

문턱은 방과 방의 경계로 문턱을 경계로 방의 구역이 바뀌는 문턱처럼 디지털로 입력되는 범위를 가지는 센서 값을 사용하여 로봇을 작동하기 위해서는 기준이 되는 문턱 값을 지정해 주어야한다. 90점 이상이면 'A', 90점보다 작으면 'B'로 평가를 하는 90이라는 수와 같이 판단의 기준이 되는 값을 문턱 값(threshold value)이라 한다. 문턱 값을 지정할 때는 보통 두 가지 서로 다른 기준에서 읽어 들인 값을 평균을 내어 지정하는 것이 일반적이다. 따라서 검정과 흰색의 경계인 문턱 값을 정하기 위해서는 검정색에서 읽어 들인 값과 흰색에서 읽어 들인 값을 더하여 2로 나눔으로서(평균하여) 기준 값인 문턱 값으로 사용할 수 있다.

문턱 값 = (흰색에서 읽어 들인 값 + 검정색에서 읽어 들인 값)/2

[그림 6-2]

맨 왼쪽 그림은 칼라센서가 검은색 라인의 어느 부분에 걸쳐있느냐에 따라 반사 값이 달라질 수 있다는 것을 보여주는 것이다. 완전히 흰색이면 반사 값이 60이고 완전히 검은색 안으로 들어가면 반사 값이 40일 경우 일부만 겹쳤을 경우에는 흰색과 검은색의 비율에 따라 반사 값이 조금씩 달라진다. 가운데 그림은 문턱 값이 55일 경우에 로봇이 인식하는 라인의 두께가 더 두꺼워진다는 것을 보여준다. 즉, 실제 라인은 검은색이고 로봇이 인식하는 라인은 회색이라고 할 때 칼라센서가 실제 라인의 바깥쪽에 조금만 걸치더라도 로봇은 검은색 라인이라고 판단하기 때문에 로봇이 인식하는 라인의 두께는 두꺼워진다. 오른쪽 그림의 경우 마찬가지 이유로 문턱 값을 45로 낮추었을 경우 로봇이 인식하는 실제 라인의 두께가 얇아진다는 것을 보여준다. 문턱 값을 결정하여 사용하여야하는 센서는 입력값의 범위가 있는 센서들이며, 칼라센서 뿐만 아니라 초음파센서, 사운드센서 등 센서 값의 범위가 있는 센서들 모두 해당된다.

칼라센서는 Photo TR로 들어오는 주변 광량을 수치화하여 입력받게 되므로 칼라센서와 반사되는 면과의 거리에 따라 그 값이 아주 달라질 수 있다. 따라서 기준이 되는 문턱 값을 결정하기 위해서는 로봇이 실제 움직이는 똑같은 높이에서 칼라센서의 값을 측정하여 계산하여야 한다. 경험적으로 EV3의 칼라센서의 경우 지면에서 약 5mm 정도 떨어져 있을 때 흰색과 검은색을 가장 잘 구별해내며 바닥에 너무 가까이 가져가면 오히려 흰색의 반사 값과 검은색의 반사 값의 차이가 줄어든다.

6.1 칼라센서 설정 및 연결

로봇을 조립한 후 포트 1번과 2번에 빛 센서를 연결하고, 포트 A와 C에 구동 모터를 연결하여 라인트레이싱을 수행하는 프로그램을 작성해 보자.

Step 1 Port S3의 Name에 light를 입력한다. 편의상 light라고 입력하였으나 다른 이름도 가능하다. 여기서 S1은 포트 1, S3는 포트 3을 나타낸다.

Step 2 오른쪽의 Type에서 Light Active를 선택한다.

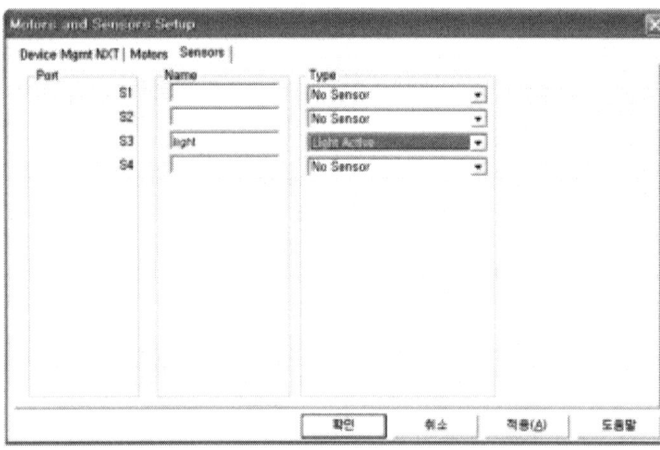

[그림 6-3]

Step 3 아래 확인 단추를 누르면 터치센서를 사용하기 위한 소스코드가 자동으로 생성 된다. #pragma 코드는 Step 2에서 설정한 후 확인을 클릭하면 자동으로 생성되는 줄이다. 여기서 Sensor는 EV3에 연결된 센서라는 의미이고, S3는 포트 3번에 연결되었다는 의미이며, light는 프로그램에서 사용하는 변수를 나타낸다.

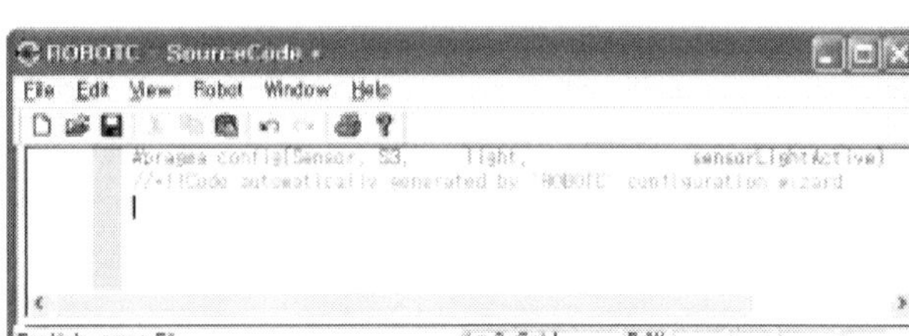

[그림 6-4]

전방에 간접조명용 붉은 LED와 Photo Transistor가 내장되어 있으면, 명암을 구분하고, 지면과 5mm가 가장 적합하다. 조명의 켜짐 유무에 따라 액티브 모드/인액티브 모드를 가지고 있고, 측정 값은 0~100%으로 표현한다.

[표 6-1]

바닥의 명암(액티브 모드)	주변광(인액티브 모드)	센서 측정값의 변화
검정	칠흑 같은 어둠	0으로 접근
진회색	어둠	
회색	약간 어두움	
흰색	밝음	100으로 접근

칼라센서를 사용하여 명암과 색상을 구별하여 다양하게 프로그램을 작성해 보자.

✐ 실습예제 6-1: 칼라센서 값을 실시간 측정

칼라센서의 값을 실시간으로 측정해서 LCD 화면에 나타내는 프로그램을 작성하여라.

```
#pragma config( Sensor, S3, light, sensorEV3_Color)

task main( )
{
   clearDebugStream();
   setSensorMode(light, 2);
   while(1)
   {
       writeDebugStreamLine("Color:%d", SensorValue[light]);
       wait1Msec(1000);
   }
}
```

- setSensorMode() 함수는 EV3 칼라센서를 읽는 모드를 선택한다.
- writeDebugStreamLine() 함수는 칼라센서로 측정한 값을 LCD 창에 나타낸다.

✐ 실습예제 6-2: 칼라센서 값에 따라 EV3 버튼에 색상 출력

칼라센서의 값을 실시간으로 측정해서 EV3 버튼의 색상을 측정한 값으로 버튼에 나타내는 프로그램을 작성하여라.

```
#pragma config(Sensor, S3, Colour, sensorEV3_Color, modeEV3Color_Color)

task main()
{
  clearDebugStream();
  setSensorMode(Colour,2);
  while(true)
  {
    switch(SensorValue[Colour])  {
      case 5:
            setLEDColor(ledRed);
            writeDebugStreamLine("color:%d", SensorValue[Colour]);
            wait1Msec(100);
            break;
      case 3:
            setLEDColor(ledGreen);
            writeDebugStreamLine("color:%d", SensorValue[Colour]);
            wait1Msec(100);
            break;
      default:
            setLEDColor(ledOff);
            break;
    }
  }
}
```

- setLEDColor() 함수는 EV3 브릭의 버튼에 해당 칼라를 나타낸다.
- **SensorValue(light)** 함수는 SensorValue() 이용하여 센서에서 명암 읽는다.

✐ 실습예제 6-3: 칼라센서 값에 따라 속도 변화

칼라센서의 값에 따라 밝으면 빠르게 움직이고 어두우면 느리게 움직이도록 로봇의 속도가 변하도록 프로그램을 작성해보자. 로봇의 앞에 연결된 빛 센서가 바닥의 밝기를 읽어 들여 그 밝기에 따라 속도가 변하는 로봇을 만든다.

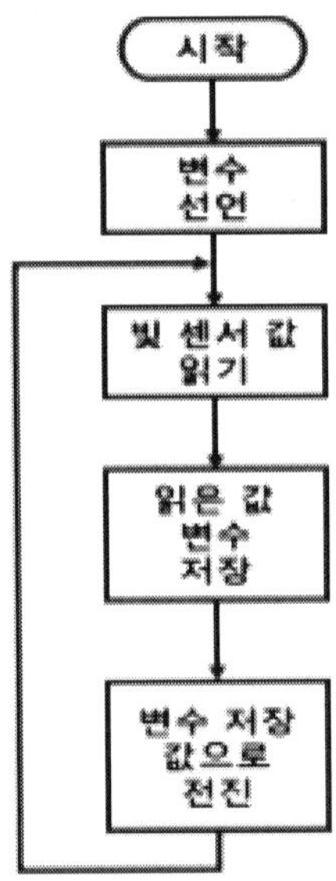


```
#pragma config(Sensor, S3, light,
  sensorEV3_Color, modeEV3Color_Color)

task main( )
{
  int light_value;
  while(1)
  {
     light_value = SensorValue(light);
     motor[motorB] = light_value;
     motor[motorC] = light_value;
  }
}
```

- Port S3의 Name에 light를 입력한다. 편의상 light라고 입력하였으나 다른 이름도 가능하다.
- int 변수 이름: 정수를 저장하기 위해 변수를 이름은 문자나 ‘ ’로만 시작 기능
- int light_value: 정수 값을 저장하기 위해 light_value란 변수를 사용하겠다고 선언

✐ 실습예제 6-4: 칼라센서 값에 따라 속도 변화2

칼라센서의 값을 읽어서 값에 따라 문턱값과의 차이에 따라서 로봇의 속도를 변화시키는 프로그램을 작성하여라.

```
#pragma config( Sensor, S3, light, sensorEV3_Color)

#define THRESHOLD 25

task main( )
{
   setSensorMode(light, 0);
   int C_V = 30;
   int Gain = 1;

  while(1)
  {
      int Light_value = SensorValue(light);
      motor[motorB] = C_V+(Light_value-THRESHOLD)*Gain;
      motor[motorC] = C_V-(Light_value-THRESHOLD)*Gain;
  }
}
```

✐ 실습예제 6-5: 전진하다가 바닥이 검정이면 정지

로봇이 50%의 파워로 전진하다가 바닥이 검정이면 정지하는 프로그램을 작성하라. 단, THRESHOLD를 프로그램의 맨 위에 사용한다.

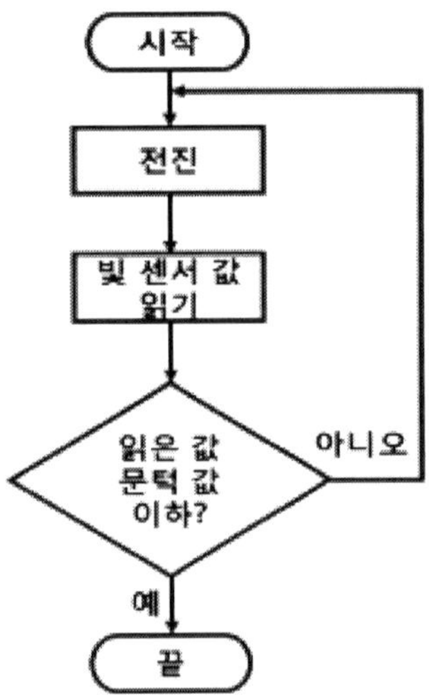


```
#pragma config( Sensor, S3, light,
  sensorEV3_Color)

#define THRESHOLD 30
task main( )
{
  while(1)
  {
      motor[motorB] = 50;
      motor[motorC] = 50;
      if(SensorValue(light)<=THRESHOLD)
        break;
  }
}
```

- #define THRESHOLD 50(매크로 상수): THRESHOLD라고 쓰인 모든 부분을 50으로 치환하여 실행
- break; 문을 만나면 반복되는 블록의 마지막에서 반복문을 이탈

✐ 실습예제 6-6: 전진하다가 두 번째 검정이면 정지

로봇이 50%의 파워로 전진하다가 바닥이 검정이면 정지하는 프로그램을 작성하라. 단, THRESHOLD를 프로그램의 맨 위에 사용한다.

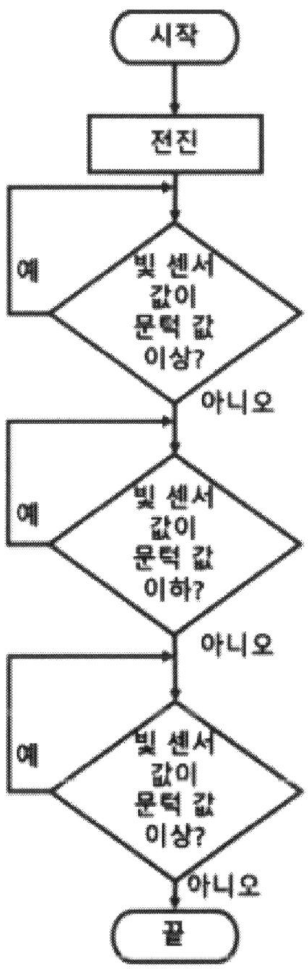


```
#pragma config( Sensor, S3, light,
  sensorEV3_Color)

#define THRESHOLD 30
task main( )
{
 motor[motorB] = 60;
 motor[motorC] = 60;

 while(SensorValue(light)>THRESHOLD);
 while(SensorValue(light)<=THRESHOLD);
 while(SensorValue(light)>THRESHOLD);
}
```

- while 제어문의 경우 실행 시 해당하는 동작의 문장이 없을시 제어문 앞의 문장을 계속해서 실행한다.

✐ 실습예제 6-7: 검정선을 카운트

로봇이 50%의 파워로 전진하다가 바닥이 검정이면 검정 선을 카운트하여 LCD 창에 표시하고 소리를 출력하는 프로그램을 작성하라. 단, THRESHOLD를 프로그램의 맨 위에 사용한다.

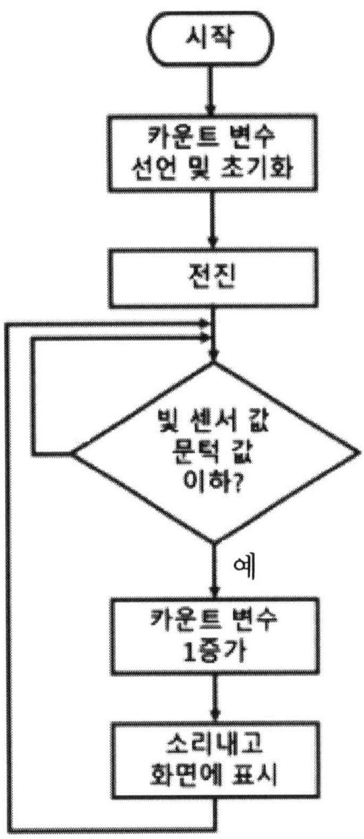


```
#pragma config( Sensor, S3, light,
     sensorEV3_Color)

#define THRESHOLD 30
task main( )
{
  int count = 0;
  clearDebugStream();
  while(true)
  {
    motor[motorB] = 50;
    motor[motorC] = 50;
    if (SensorValue(light)<=THRESHOLD)
     {
       count++;
       PlaySound (soundBeepBeep);
       writeDebugStreamLine("%d", count);
       wait1Msec (1000);
     }
  }
}
```

- if (SensorValue(light)<=THRESHOLD) 검정선을 만나면 실행되는 명령
- count ++; : count = count + 1을 의미한다.
- **writeDebugStreamLine("%d", count);** LCD의 0번째(가장 위쪽) 줄에 count 값을 10진수 정수로 출력한다.

✐ 실습예제 6-8: 칼라에 따라서 로봇의 전후좌우 제어

칼라센서로 측정한 칼라에 따라서 30%의 파워로 로봇을 전진, 후진, 좌회전, 우회전 하도록 하는 프로그램을 작성하라. 단, 측정한 색상 값이 5는 전진, 3은 후진, 2는 좌회전, 4는 우회전하고 나머지 색상에 대해서는 정지한다.

```
#pragma config(Sensor, S3, Colour, sensorEV3_Color)
task main( )
{
    setSensorMode(Colour,2);
    int colour_value;
    while (true)
    {
      colour_value = SensorValue[Colour];
      switch(colour_value) {
        case 5:
          motor[motorB] = 30;
          motor[motorC] = 30;
          wait1Msec(100);
          break;
        case 3:
         motor[motorB] = -30;
          motor[motorC] = -30;
          wait1Msec(100);
          break;
        case 2:
          motor[motorB] = 0;
          motor[motorC] = 30;
          wait1Msec(100);
          break;
        case 4:
          motor[motorB] = 30;
          motor[motorC] = 0;
          wait1Msec(100);
          break;
        default :
          motor[motorB] = 0;
          motor[motorC] = 0;
          break;
      }
    }
}
```

6.2 라인 따라가기

칼라센서를 사용하여 명암에 따라 좌회전과 우회전을 통해서 검정 라인을 따라가도록 프로그램을 작성해 보자.

실습예제 6-9: 한 개 칼라센서로 라인 따라가기

한 개의 칼라센서를 장착한 로봇이 50% 파워로 검정선의 왼쪽 경계를 기준으로 검정선을 따라 로봇이 움직이도록 프로그램을 작성하라. 단, THRESHOLD를 프로그램의 맨 위에 정의하여 사용한다.

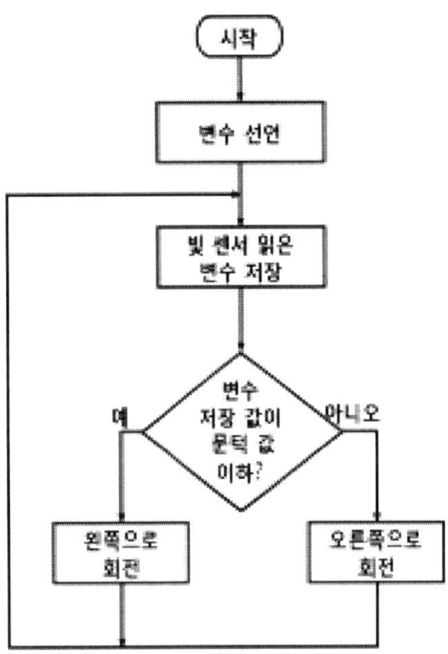


```
#pragma config(Sensor, S3, light,
  sensorEV3_Color)

#define THRESHOLD 30
task main( )
{
 int light_value;
  while(1)
  {
   light_value = SensorValue(light);
   if ( light_value <= THRESHOLD)
   {
     motor[motorB] =0;
     motor[motorC] = 50;
    }
    else
    {
     motor[motorB] =50 ;
     motor[motorC] = 0;
    }
  }
}
```

- if(light_value <= THRESHOLD) { }

  light_value 변수에 저장된 값이 THRESHOLD와 비교하여 값이 같거나 작으면, 왼쪽 모터를 정지시키고 오른쪽 모터만 가동하여 왼쪽으로 턴하도록 한다.(빛센서가 검정 영역에 있으면 로봇이 왼쪽으로 움직이도록 한다.)

- else { }

  light_value 변수에 저장된 값이 THRESHOLD와 비교하여 크면, 오른쪽 모터를 정지시키고 왼쪽 모터만 가동하여 오른쪽으로 턴하도록 한다. (빛센서가 흰색 영역에 있으면 로봇이 오른쪽으로 움직이도록 한다.)

✐ 실습예제 6-10: 두 개 칼라센서로 라인 따라가기

두 개의 칼라센서를 장착한 로봇이 50% 파워로 검정색 라인을 따라가도록 프로그램을 작성하라. 단, THRESHOLD를 프로그램의 맨 위에 정의하여 사용한다.

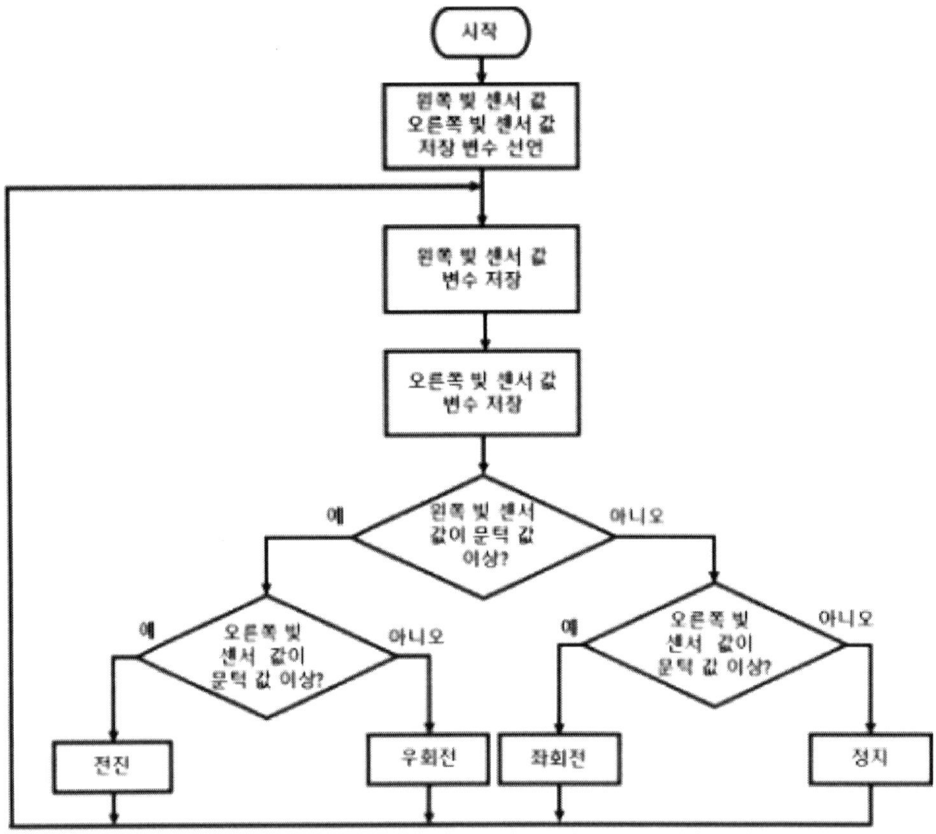


```
#pragma config( Sensor, S2 ,left_light, sensorEV3_Color)
#pragma config( Sensor, S3 ,right_light, sensorEV3_Color)

#define THRESHOLD 30
task main( )
{
   int left_light_value, right_light_value;
   while(1) {
        left_light_value = SensorValue(left_light);
```

```
        right_light_value = SensorValue(right_light);
        if(left_light_value > THRESHOLD)
            if(right_light_value > THRESHOLD) {
                motor[motorB] = 50;
                motor[motorC] = 50;
            }
            else {
                motor[motorB] = 50;
                motor[motorC] = 0;
            }
        else if( right_light_value > THRESHOLD) {
            motor[motorB] = 0;
            motor[motorC] = 50;
        }
        else {
            motor[motorB] = 0;
            motor[motorC] = 0;
        }
    }
}
```

칼라센서 2개를 사용하고 모터와 칼라센서는 각각 움직인다.
칼라센서 2개를 사용하는 라인로봇을 위해 아래와 같이 포트를 설정한다.

- 인쪽 칼라센서 설정 : port2, lcft_light, Light Activc
- 오른쪽 칼라센서 설정 : port3, right_light, Light Active

칼라센서를 두 개 사용함으로서 두 개의 센서의 값을 조합하여 직진, 좌회전, 우회전, 정지의 4가지 선택이 가능하도록 할 수 있다. 조건문 안에 조건문을 중첩으로 사용하여 조건을 검사함으로서 네 가지의 조합을 만들어낼 수 있다.

- **전진** : 왼쪽 칼라센서의 값이 문턱 값 보다 크면서 오른쪽 칼라센서의 값도 문턱 값 보다 크다면 전진한다. motor[motorB]=50; motor[motorC]=50;

- **우회전** : 왼쪽 칼라센서의 값이 문턱 값 보다 크고 오른쪽 칼라센서의 값이 문턱 값 보다 작거나 같다면 우회전한다. motor[motorB]=50; motor[motorC]=0;

- **좌회전** : 왼쪽 칼라센서 값이 문턱 값 보다 작거나 같고 오른쪽 칼라센서의 값이 문턱 값보다 크다면 좌회전한다. motor[motorB]=0; motor[motorC]=50;

- **정지** : 왼쪽 칼라센서 값이 문턱 값 보다 작거나 같으면서 오른쪽 칼라센서 값도 문턱 값보다 작거나 같다면 정지한다. 정지시키지 않고 전진으로 바꾸면 교차로를 통과할 수 있다. motor[motorB]=0; motor[motorC]=0;

✐ 실습예제 6-11: task 함수를 사용하여 라인 따라가기

두 개의 칼라센서를 장착한 로봇이 50% 파워로 검정색 라인을 따라가도록 작성한 위의 프로그램을 starttTask(태스크명)를 사용하여 작성하라. 이 Task 함수를 호출하여 멀티 태스크 형태로 사용하면 255개까지 동시에 실행할 수 있다.

```
#pragma config( Sensor, S2 ,left_light, sensorEV3_Color)
#pragma config( Sensor, S3 ,right_light, sensorEV3_Color)

#define THRESHOLD 30
task left_motor( )    // task 함수
{
    if(SensorValue(left_light) > THRESHOLD) {
        motor[motorB] = 50 ;
    }
    else {
        motor[motorB] =0;
    }
}
task right_motor( )
{
    if(SensorValue(right_light) > THRESHOLD) {
      motor[motorC] = 50 ;
    }
    else {
      motor[motorC] = 0;
    }
 }

task main( )
{
    while(true) {
      StartTask (left_motor);
      StartTask (right_motor);
    } // 종료는 StopTask(태스크명) 또는 StopAllTask()
}
```

6.3 라인 교차점 카운트

칼라센서를 두 개를 사용하여 바닥의 명암에 따라 검정 라인을 따라가다가 교차점을 만나면 프로그램을 어떻게 작성해야 하는지 생각해 본다. 또한 바둑판과 같은 경기장에서 좌표를 정하고 인식할 수 있는 프로그램을 작성해 보자.

✐ 실습예제 6-12: 교차점 개수의 카운트

두 개의 칼라센서를 장착한 로봇이 50% 파워로 검정색 라인을 따라가도록 작성한 프로그램(StarTask 이전)에서 교차점에 지난 개수를 카운트 하도록 수정하여라. 즉, 교차점은 두 개의 칼라센서가 모두 THRESHOLD 값보다 작을 때이므로, 이때마다 변수를 사용해서 카운트 값을 1씩 증가시키고 비프 사운드를 키고 1초가 전진한다.

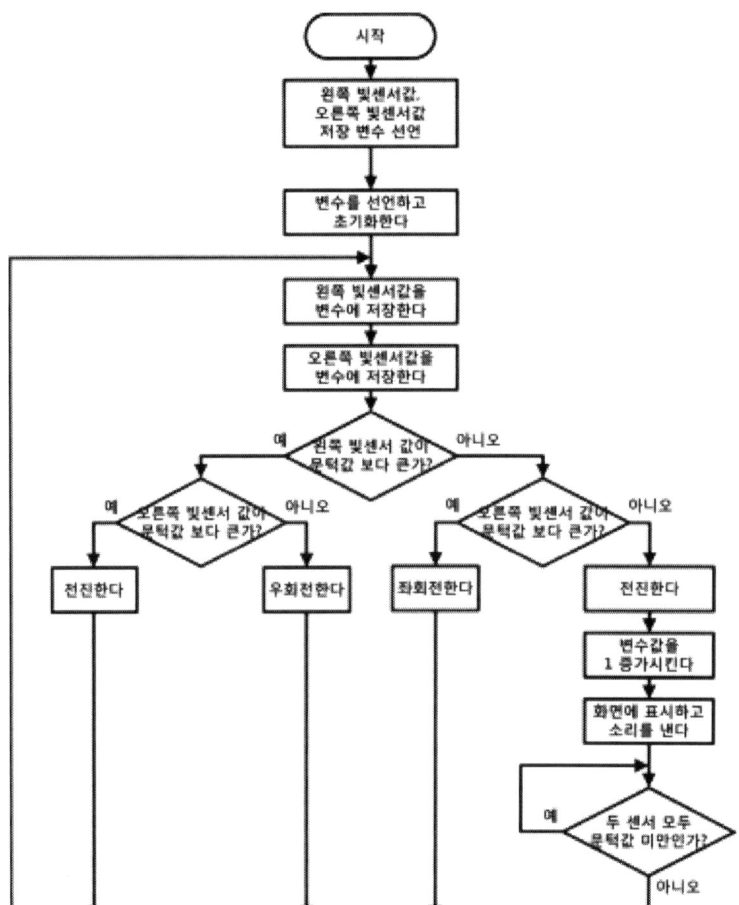

```
#pragma config( Sensor, S2 ,left_light, sensorEV3_Color)
#pragma config( Sensor, S3 ,right_light, sensorEV3_Color)
#define THRESHOLD 30

task main( )
{
    int  left_light_value, right_light_value;
    int count = 0;

   while(true) {
      left_light_value = SensorValue(left_light);
      right_light_value = SensorValue(right_light);

      if(left_light_value > THRESHOLD)
         if(right_light_value > THRESHOLD) {
              motor[motorB] = 50;
              motor[motorC] = 50;
         }
         else {
             motor[motorB] = 50;
             motor[motorC] = 0;
      }
      else if(right_light_value > THRESHOLD) {
         motor[motorB] = 0;
         motor[motorC] = 50;
      }
      else {
         count++;  // writeDebugStreamLine("%d", count);
         playSound(soundBeepBeep);
         motor[motorB] = 50;
         motor[motorC] = 50;
         wait1Msec(1000);
      }
   }
}
```

왼쪽 빛센서의 값이 문턱 값보다 작거나 같으면서 오른쪽 빛센서의 값도 문턱 값보다 작거나 같다면, 교차로 수를 저장 변수의 값을 1만큼 증가시켜서 저장하고, 소리를 출력하고 두 센서 중 하나라도 빠져나올 때까지 더 전진한다. 논리 연산자 &&를 사용하여 동시에 두 조건 모두 만족시킬 때까지 반복한다. 검정선의 두께나, 교차로 또는 굴곡 구간의 각도에 따라 여러 번 교차로로 인식할 수 있다. 가장 간단한 방법은 그냥 일정 시간을 흘려 지나가는 방법이 있다.

7 거리 측정

EV3의 초음파 센서는 앞에 있는 물체까지의 거리를 측정하는 디지털 센서이며, cm(센티미터)와 inch(인치) 단위로 측정이 가능하고 3~250cm까지 거리를 측정하며 오차는 ±1cm이다. 인치 단위를 사용하는 경우, 감지할 수 있는 거리는 1~99인치이며, 정확도는 +/- 0.394인치입니다. 255cm 또는 100인치 떨어진 물체는 앞에 있어도 센서가 감지할 수 없다.

초음파 센서는 고주파 음파를 내보내 사운드가 센서까지 반사되어 돌아오는 시간을 측정하는 방식으로 거리를 측정한다. 이 센서는 Corn 형태의 파형을 가지며 옆 또는 위, 아래에 있는 장애물도 인식하기 때문에 사용하기에 쉬지 않다. 또한 크고 표면이 단단한 물체는 정확히 측정되나, 부드러운 천이나 공처럼 표면이 굽은 물체는 센서가 감지하기 어려운 단점이 있다.

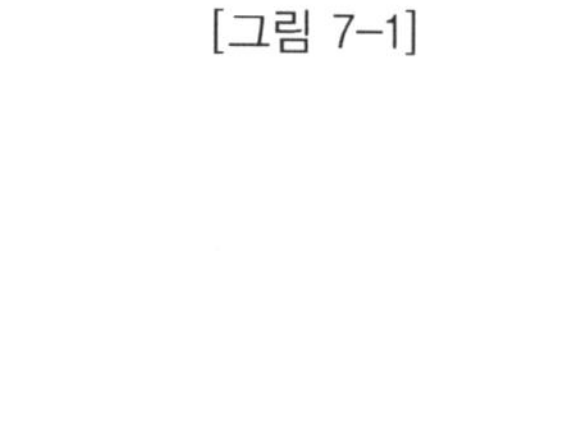

[그림 7-1]

7.1 초음파센서 설정

초음파 센서는 로봇이 가구를 피하고 움직이는 목표물을 추적하며 방안에 들어온 침입자를 감지하고 물체가 센서에 가까워질 때 커지는 음량이나 주파수를 '핑' 하도록 도와준다.

✐ 실습예제 7-1: 초음파센서로 거리를 LCD화면 출력

초음파센서를 이용하여 0.1초마다 물체까지의 거리를 cm단위로 LCD 화면에 출력하는 프로그램을 작성하라.

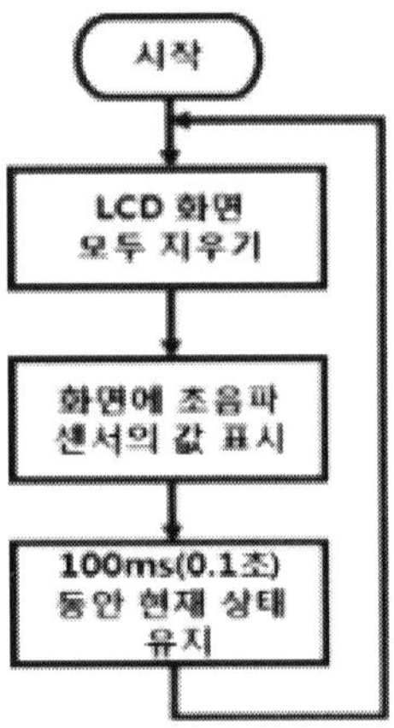


```
#pragma config( Sensor, S4, ultrasonic,
   sensorEV3_Ultrasonic)

task main( )
{
  clearDebugStream();
  while(true)
  {
    eraseDisplay();
    writeDebugStreamLine("%d cm", SensorValue(ultrasonic));
    wait1Msec (1000);
  }
}
```

여기서 eraseDisplay() 함수는 LCD 화면을 모두 지우는 명령이다.

✐ 실습예제 7-2: 장애물을 만나면 멈추는 로봇

초음파센서를 이용하여 로봇이 50%의 파워로 전진하다가 20cm 이내에 장애물이 인식되면 정지하도록 프로그램을 작성하라.

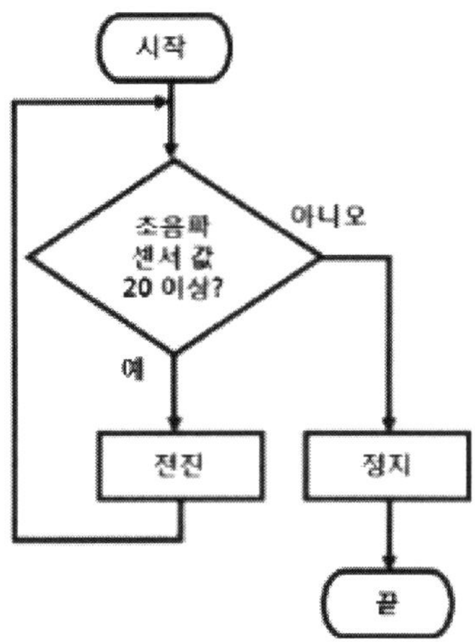


```
#pragma config( Sensor, S4, ultrasonic, sensorEV3_Touch)

task main( )
{
  while( SensorValue (ultrasonic) 〉 20)
  {
    motor[motorB] = 50;
    motor[motorC] = 50;
  }
    motor[motorB] = 0;
    motor[motorC] = 0;
}
```

✐ 실습예제 7-3: 물체와 일정한 거리를 유지하는 로봇

초음파센서를 이용하여 로봇이 50%의 파워로 전진하거나 후진하면서 30cm의 일정한 거리를 유지하도록 프로그램을 작성하라.

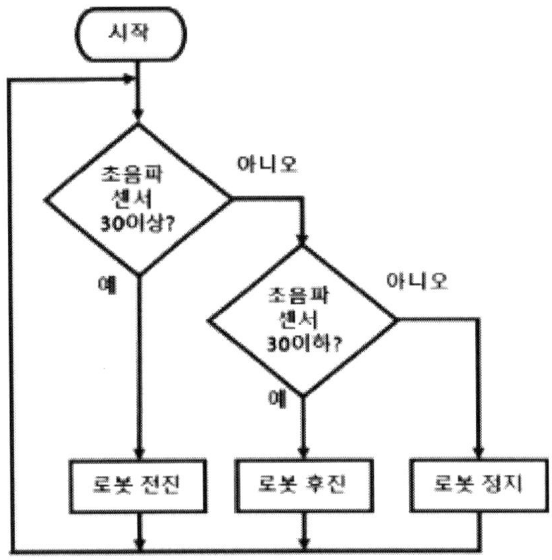


```
#pragma config( Sensor, S1, ultrasonic, sensorEV3_ultrasonic)

task main( )
 {
    int distance;
    while(true)
    {
       distance=SensorValue(ultrasonic);
       if(distance > 30) {
          motor[motorB] = 50;
          motor[motorC] = 50;
       }
       else if(distance < 30) {
          motor[motorB] = -50;
          motor[motorC] = -50;
       }
       else {
          motor[motorB] = 0;
          motor[motorC] = 0;
       }
    }
 }
```

7.2 시간제어

초음파 센서와 칼라센서를 동시에 사용하여 시간을 제어하는 프로그램을 작성해 보자.

✐ 실습예제 7-4: 시간 제어 프로그램

초음파센서를 이용하여 로봇이 50%의 파워로 전진하거나 후진하면서 30cm의 일정한 거리를 유지하도록 프로그램을 작성하라. 단, 두 개의 칼라센서로 라인을 따라가다가 장애물을 만났을 때 반대로 회전하여 다시 라인을 따라간다.

```
#pragma config( Sensor, S2,
    left_light, sensorEV3_Color)
#pragma config( Sensor, S3,
    right_light, sensorEV3_Color)
#pragma config( Sensor, S4,
    ultrasonic, sensorEV3_Ultrasonic)

task main( )
{
  while(1)
  {
   if(SensorValue(ultrasonic)>20) {
    if(SensorValue(left_light)>50) {
     if(SensorValue(right_light)>50){
        motor[motorB] = 50;
        motor[motorC] = 50;
     }
     else {
        motor[motorB] = 50 ;
        motor[motorC] = 0;
     }
    }
    else {
      if(SensorValue(right_light)>50){
         motor[motorB] = 0;
         motor[motorC] = 50;
      }
      else {
         motor[motorB] = 0;
         motor[motorC] = 0;
      }
    }
   }
   else {
     motor[motorB] = 0;
     motor[motorC] = 0;
     wait1Mscc (100);
     motor[motorB] = -50;
     motor[motorC] = 50;
     wait1Msec (800);
   }
  }
}
```

8 엔코더 활용

EV3 모터는 회전 속도계가 내장되어 있어 모터의 회전 속도나 회전 각도를 측정할 수 있다. 정 방향 제어, 역 방향 제어, 감속, 가속 등의 미세한 제어가 가능하고, 서보 모터의 출력 범위는 -100 ~ +100까지이며, 0은 모터의 정지를 의미하며, 엔코더(회전 센서)의 분해능은 1도이다.

일반적으로 두 개의 서로 다른 모터 A와 C를 사용하여 로봇을 직진시키려하면 모터의 미세한 차이 때문에 정직진이 정확히 되질 않는다. 따라서 정확한 직진을 위해서는 모터의 파워를 약간씩 조절하여 정직진하도록 만들어야 한다. 일정 시점에서 각각의 모터의 회전각이나 회전 바퀴수를 비교하여 덜 간 모터를 더 가게 만들어 주면 정 직진 할 수 있을 것이다. 모터 출력을 50으로 똑같이 설정하더라도, 서로 다른 모터 A와 C는 서로 다르게 회전할 것이다. 모터의 출력이 서로 미세하게 다르기 때문에 모터A가 파워 50의 출력으로 회전하는 양과 모터C가 파워 50의 출력으로 회전하는 량은 다르다. 따라서 같은 값으로 출력을 준다고 하면 시간이 흐를수록 점점 더 그 차이가 커지게 되어있다.

8.1 모터의 구동

EV3 라지모터를 포트 A와 C에 연결하고, 각 모터에 바퀴를 돌려 보면서 다음 실습과제를 따라해 보자. 셀프 테스트하려면, 먼저 라지모터를 포트 A에 연결하고 EV3를 켜고 view를 선택한다.

✐ 실습예제 8-1: 원하는 시간동안 전진 및 후진

서보 모터가 정확히 한바퀴(360°) 만큼만 회전하여 전진한 후 정지하는 로봇을 프로그램하자. 모터의 회전각을 제어하는 것이 가능해지면 원하는 거리만큼 이동하는 로봇을 만드는데 있어서, 시간으로 조정하는 것이 아닌 회전각의 정도로 정확하게 제어할 수 있게 된다.

```
#pragma config(Motor, motorB, motorB, tmotorEV3_Large, PIDControl, encoder)
#pragma config(Motor, motorC, motorC, tmotorEV3_Large, PIDControl, encoder)

task main()
{
    nMotorEncoder(motorB) = 0;
    while(nMotorEncoder(motorB) <360) {
        motor[motorB] = 50;
        motor[motorC] = 50;
    }
}
```

실습예제 8-2: 타이머를 이용한 전진

타이머를 이용하여 2초간 50%의 파워로 로봇을 전진하도록 프로그램을 작성하고 테스트 하라. EV3 타이머는 1ms 단위로 계산되는데, 네 개의 Timer(T1, T2, T3, T4)로 각각 초기화하여 시간을 측정하고 원하는 시간만큼 프로그램을 동작시킬 수 있다. time100[ ], time10[ ], time1[ ]로 시간을 사용할 수 있다.

```
task main()
{
    clearTimer(T1);
    while(time1[T1] < 2000)
    {
        motor[motorB] = 50;
        motor[motorC] = 50;
    }
}
```

시간 초기화하는 방법은 ClearTimer(T1) 또는 time1[T1] = 0 이다.

8.2 모터의 회전

EV3 모터를 셀프 테스트하려면, 먼저 라지모터를 포트 A에 연결하고 EV3를 켜고 view를 선택하고, Motor rotation/Motor degrees 아이콘을 선택한다.

- Motor rotation : 서보 모터의 회전수를 측정
- Motor degrees : 서보 모터의 회전 각도를 측정

포트 A/C를 선택하고, 서보 모터에 바퀴를 굴려 보면서 회전수/각도를 측정한다.

✐ 실습예제 8-3: 원하는 각도만큼 회전하기

엔코더를 초기화하고 50%의 파워로 모터를 전진하면서 엔코더가 360도 이하이면 로봇이 정지하도록 프로그램을 작성하라.

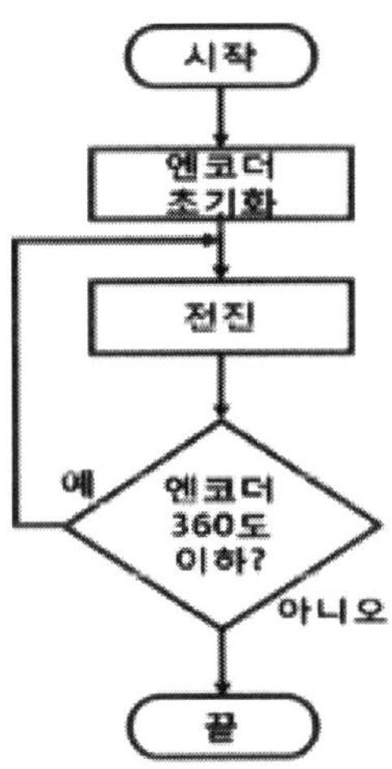


```
task main()
{
  nMotorEncoder [motorB] = 0;
  while(nMotorEncoder[motorB] <= 360);
  {
    motor[motorB] = 50;
    motor[motorC] = 50;
  }
}
```

nMotorEncoder[모터 이름] 함수는 모터 이름으로 지정된 모터의 엔코더 값을 읽거나 엔코더에 임의 값을 저장할 수 있다.

✐ 실습예제 8-4: 목표의 각도만큼 전진하기

엔코더의 목표값을 360으로 설정하고 50%의 파워로 모터를 전진하면서 엔코더가 360도 이하이면 로봇이 정지하도록 프로그램을 작성하라.

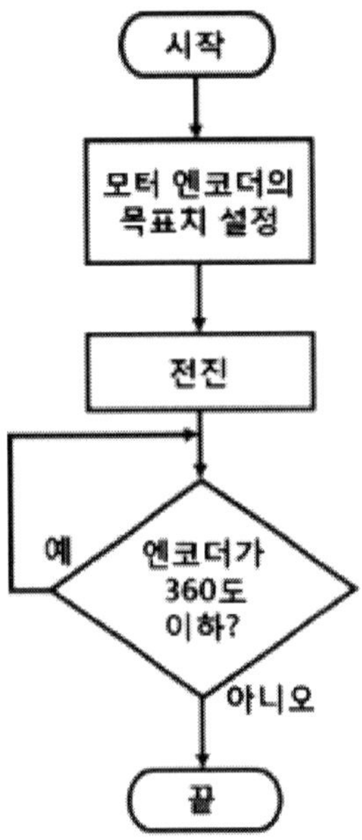


```
task main()
{
  nMotorEncoder[motorB] = 360;
  nMotorEncoder[motorC] = 360;
// while(nMotorEncoder[motorB] <= 360);
  motor[motorB] = 50;
  motor[motorC] = 50;
  while(nMotorEncoder[motorB] < 360 );
 }
```

nMotorEncoderTarget[모터 이름]는 지정된 값에 엔코더 값이 도달할 수 있도록 천천히 모터를 정지시키며, 목표 값을 지나면 모터에 전원이 들어가지 않는 상태(coast)로 바뀐다. 모터를 구동시키는 것이 아니라 엔코더 값의 목표치를 설정할 뿐이기 때문에 모터를 구동하기 위해서 motor[모터이름] = 값의 형식을 사용해야 한다.

8.3 모터의 이동거리 정밀한 제어

로봇을 강제로 정지시켜도 로봇의 특성에 따라 로봇이 더 밀려 전진할 수 있고, 특히 로봇의 이동 속도가 빠른 경우는 더 많이 밀려나며 원하는 이동거리와의 오차가 크게 발생하게 된다. 시간으로 로봇을 제어하는 경우 보다는 비교적 정확히 로봇을 제어할 수 있다. 이동거리의 오차가 발생하는 이유는 첫 번째로 프로그램의 명령 실행 단계 사이의 아주 작은 시간 간격동안 더 움직이는 것과 두 번째로 로봇 자체의 물리적 특성으로 인한 관성이나 마찰력과 관계가 있다. 명령실행 사이의 간격동안 지체, 명령실행과 프로그램 종료 사이의 시간 간격은 예상하지 못한 오차를 발생시키고, 로봇 자체가 빠르게 움직이는 경우나 너무 무거워 바로 정지되지 않고 밀려가는 경우 등은 물리적인 특성으로 인해 발생하는 오차이다. 이렇듯 논리적으로 완벽한 프로그램이라 할지라도 실제 현실세계에서의 동작은 여러 가지 물리적 제한을 받게 된다. 이러한 오차를 적게 혹은 계속 수정해서 원하는 정확한 동작을 구현하고 유지하도록 하는 것은 로봇을 다루는데 있어 아주 중요한 문제이다.

• 모터의 엔코더 값을 사용하기 위한 nMoterEncoderTarget[]

nMoterEncoderTarget[ ]을 이용하여 nMoterEncoder[ ]보다 서보 모터 회전을 정확하게 제어하도록 한다. nMotorEncoderTarget[ ]에 회전 각도를 지정하고 회전하면, 그 각도만큼 정확히 회전하기 위해 로봇이 내부적으로 속도를 조절하여 정밀제어 한다.

nMoterEncoderTarget[모터이름] = 값: 지정 값을 해당 모터 엔코더 목표값으로 설정

nMotorEncoderTarget[모터이름]로 지정된 값에 엔코더 값이 도달할수록 천천히 모터를 정지시키며, 목표 값을 지나면 모터에 전원이 들어가지 않는 상태(coast/float)로 바뀐다. nMotorEncoderTarget[ ]은 모터를 구동시키는 것이 아니라 엔코더 값의 목표치를 설정하기 때문에 모터를 구동하기 위해서 motor[모터이름] = 값의 형식을 사용해야 한다.

• EV3 타이어와 이동거리

EV3에 사용되는 타이어에는 타이어의 지름과 폭이 나타나 있는데, 예를 들어 지름 56mm에 폭이 26mm인 타이어의 옆면에는 56×26으로 기록되어있다.

[그림 8-1]

- 이동거리의 계산 : EV3 타이어의 둘레의 길이와 회전값에 따른 관계를 생각해보면 아래와 같은 비례식을 만들 수 있다.

바퀴가 360° 회전하면 원의 성질에 따라, "2 × 원주율 × 원의 반지름"(원의 둘레의 길이) 만큼 로봇이 전진하는 것이고, θ°만큼 회전하면 그 회전각의 정도만큼(θ° 만큼의 호의 길이) 로봇이 전진할 것이다. 즉, 바퀴의 θ° 만큼의 호의 길이는 θ° 만큼 회전했을 때의 이동거리이다.

360° : θ° = 바퀴의 전체둘레길이 : 바퀴의 θ° 만큼의 호의 길이

EV3 타이어의 지름을 D라하고 서보 모터의 회전 각도를 θ라 하며, 원주율은 π라고 하면, 바퀴의 전체둘레길이는 2*π*(D/2), 즉 πD이며, 위의 비례식을 아래와 같이 변환할 수 있다.

이동거리 = π * D * θ / 360 θ = 이동거리 * 360 / D / π

✐ 실습예제 8-5: 일정 거리만큼 이동하기

모터의 엔코더를 사용하여 일정거리 만큼을 이동하도록 setMotorTarget() 함수를 사용해서 프로그램을 작성하라.

```
task main()
{
    setMotorTarget(motorB, 360, 50);
    setMotorTarget(motorC, 360, 50);
    wait1Msec(1000);
}
```

setMotorTarget(모터이름, 각도, 속도) 원하는 각도만큼 모터를 이동시킨다.

✐ 실습예제 8-6: EV3 속도를 측정

EV3 속도를 측정하는, writeDebugStreamLine을 이용해 프로그램을 작성하라.

```
task main()
{
   int speed;
   while(1)
   {
      clearDebugStream();
      clearTimer(T1);
      nMotorEncoder[motorB] = 0;
      motor[motorB] = 100;
      while(time1[T1] < 1000) { }
      speed = (((nMotorEncoder[motorB]/360)*17.58)/1);
      writeDebugStreamLine("speed is %d cm/s", speed);
   }
}
```

nMotorEncoder[모터이름] - 해당 모터의 엔코더 값을 읽거나 엔코더에 임의 값 저장

writeDebugStreamLine("%d", getMotorBrakeMode(motorB));는 읽은 모터 B의 상태를 나타낸다.

8.4 실습과제: 책상 끝 멈추기

(1) 문제 : 로봇이 책상 끝에 최대한 가까이 가서 멈추도록 프로그램을 작성하라. 단, 바퀴의 앞부분과 책상 끝까지의 거리는 20cm이다. 로봇이 떨어질 수 있으니 주의하라. 단, setMotorTarget()와 nMotorEncoder[]를 이용하라.

360 : 17.58 = y : 22.8, 여기서 20(이동거리) + 2.8(바퀴크기/2)

(2) 순서도 작성

(3) 프로그램 작성

```
task main()
{

}
```

✐ 실습예제 8-7: 원하는 거리만큼 정확히 전진하기

서보 모터의 엔코더 값을 활용하여 원하는 거리만큼 전진하는 로봇을 만든다. 서보 모터의 회전각과 바퀴의 지름을 이용하면 서보 모터의 회전각을 통해 원하는 이동거리를 정확하게 제어할 수 있다.

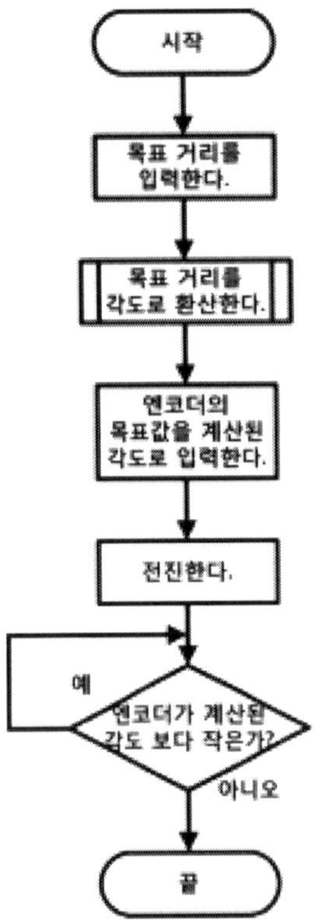


```
#define DIAMETER 56.0 // 바퀴의 지름 정의

float convert(float distance)
{
   return (360.0 * distance / DIAMETER / PI );
}
task main()
{
   int rotation;
   int distance = 200;
   rotation = (int) convert((float)distance);
   nMotorEncoderTarget(motorB) = rotation;
   nMotorEncoderTarget(motorB) = rotation;
   motor[motorB] = 50;
   motor[motorC] = 50;
   while(nMotorEncoder[motorB] < rotation;
}
```

【프로그램 설명】

- RobotC에서 PI는 미리 정의된 실수 상수로 원주율(3.141592...)을 나타낸다.
- return(360.0*distance/DIAMETER/PI); 바퀴 지름과 목표거리에 따른 회전각 계산
- (변환을 원하는 데이터 형) 상수/변수/식: 연산에서 처음에 선언된 데이터 형에 따라 값이 저장되고 처리하지만, 때에 따라서 상수/변수/식의 결과가 원래 데이터 형이 아닌 다른 데이터 형으로 바뀌는 경우가 생기게 된다.

예 정수형 변수 a와 b, c를 이용하면 어떤 결과가 나올까?

```
int a, b, c ;
a = 360 * 200 ; b = 3.141593 * 56 ;
c = a / b ;
```

풀이 a = 360 * 200; 오른쪽 연산 값은 72000 -> a에 할당된 값은 6464

2byte 정수형 최대 양의 값은 32767이다. 그래서 자신이 감당할 수 없는 72000을 할당하다보니 6464 엉뚱한 값이 나온다. b = 3.141593*56 ;의 오른쪽 연산 값은 실수이다. 하지만 b는 정수형이어서 소수점은 다 잘리게 된다. 그래서 원래 값에서 소수점 이하는 다 버리고 175만 할당하게 된다. 이렇게 되면 당연히 c에서 얻어지는 값은 엉뚱한 값이 될 것이다.

- rotation = (int) convert((float)distance); 정수형 distance를 실수 형으로 변환한다.

✐ 실습예제 8-8: 원하는 각도로 정확히 스윙 턴

서보 모터의 엔코더 값을 활용하여 원하는 각도를 정확히 회전하는 로봇을 만든다. 서보 모터의 회전각과 바퀴의 지름을 이용하면 서보 모터의 회전각을 통해 한쪽 바퀴의 이동 거리를 정확하게 제어할 수 있다. 이것을 이용하면 두 바퀴로 움직이는 로봇을 원하는 각도로 정확히 회전시키는 것이 가능하다.

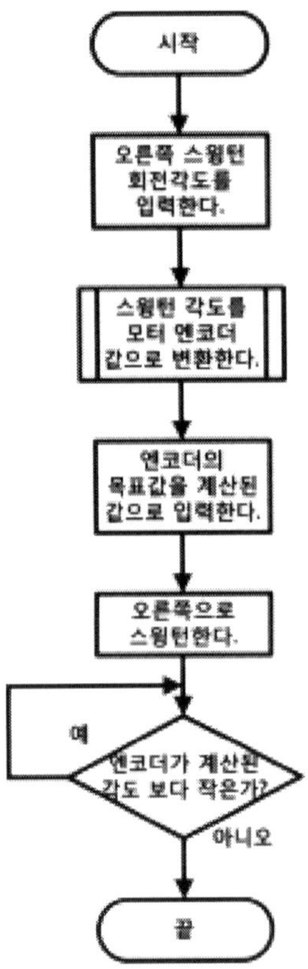


```
#define Wheel_diameter 56.0
#define Axis_length 120.0

float convert(float turn_angle)
{
  return (2*Axis_length/Wheel_daimeter*turn_angle);
}

task main()
{
    float turn_angle = 90.0;
    int rotation;

    rotation = (int)convert(turn_angle);
    nMoterEncoderTarget[motorB] < roatation;
    motor[motorB] = 60;
    motor[motorC] = 0;

    while(nMotorEncoder[motorB] < rotation);
}
```

✐ 실습예제 8-9: 브레이크 모드를 활용

모터에 브레이크 모드를 사용하여 100%의 파워로 모터를 1초간 전진하면서 로봇이 부드럽게 정지하도록 프로그램을 작성하라. 단, setMotorBrakeMode( ) 함수로 브레이크 모드를 사용한다.

```
task main()
{
    clearDebugStream();
    setMotorBrakeMode(motorB, 0);
    motor[motorB] = 100;
    writeDebugStreamLine("%d", getMotorBrakeMode(motorB));
    wait1Msec(1000);
}
```

setMotorBrakeMode(모터이름, 모드)는 지정한 모터가 어떻게 정지할 것인지를 설정한다. 모드가 0이면 부드럽게 정지하고, 1이면 급격하게 정지한다.

실습예제 8-10: 실시간 자이로 속도 측정

자이로 센서를 이용하여 실시간으로 속도를 측정해서 LCD 화면에 나타내는 프로그램을 작성하라.

```
#pragma config(Sensor, S2, Gyro, sensorEV3_Gyro)

task main()
{
    clearDebugStream();
    setSensorMode(Gyro, 0);
    while(SensorValue[Gyro]<=360)
    {
        motor[motorB] = 50;
        motor[motorC] =-50;
        writeDebugStreamLine("Gyro: %d", SensorValue[Gyro]);
        wait1Msec(50);
    }
}
```

8.5 PID 속도제어

모터의 PID(P:비례/I:적분/D:미분)제어 기능을 이용하여 오차를 줄여 가장 정확한 속도로 움직이는 로봇을 만들 수 있다. 서보모터의 회전센서 값을 활용하면 특정 기준에 맞는 회전속도를 구현할 수 있다. 예를 들어 어떤 모터는 전류 46%를 공급하면 1분에 50바퀴 회전하고, 어떤 모터는 전류 51%공급하여야 1분에 50바퀴 회전한다고 하자. 그렇다면 두 바퀴가 같은 속도나 같은 비율로 회전하기 위해서 한쪽 모터는 46%로 전기를 공급하고 다른 한쪽 모터는 51%로 전기를 공급하면 될 것이다. 이러한 과정을 자동으로 해주는 제어방식이 PID 속도제어로서, 정확한 속도에 맞추기 위해서 자동적으로 모터의 전류 값을 조정해 주는 것이다.

PID 제어는 기계나 구조가 움직이는 값이 사람이 원하는 목표 값과 다르게 작동하기 때문에 발생하는 오차를 제어하기 위한 방법이다. PID 제어에서 P는 proportional (비례)를 뜻하는 것으로서 목표 값과의 오차가 발생하는 정도에 따라서 제어하는 것이다. I는 integral(적분)을 뜻하는 것으로써, 오차 값들을 모아 어느 순간에 일정량의 오차가 누적되면 한 번에 오차를 수정하는 방법이다. 기계가 움직이기 시작한 후 어느 정도 시간이 지난 다음 누적된 오차가 일정 수준 이상일 때, 적당한 보정을 가해주는 에러 값 수정 방법이다. D는 differential (미분)을 뜻하는 것으로 일정시간 동안에 발생한 오차의 크기에 따라 그 보정을 다르게 해주는 것으로, 쉽게 이야기하면 같은 시간동안 오차가 크게 발생하면 반대로 보정을 많이 하고 오차가 적으면 적은 만큼 보정한다는 의미이다. 일정 시간동안에 만들어진 오차의 크기에 따라서 보정을 크기를 다르게 해주는 방법이다. 따라서 어떠한 기계나 로봇이 작동하면서 발생되는 오차를 처리하기 위해서 PID의 제어의 각 방법을 모두 혹은 몇 가지를 복합적으로(P, PI, PID 등) 사용하게 된다. 기계나 로봇의 목적에 따라 적당한 제어방법을 선택하여 사용하면 된다. EV3에서 제공하는 모터의 PID 속도제어를 설정하기 위한 함수는 다음과 같다.

```
nMotorPIDSpeedCtrl[모터명] = mtrSpeedReg
```

PID 속도제어를 등록하면 모터가 정확한 출력으로 회전할 수 있도록 모터의 출력이 자동적으로 조정된다. 이는 모터가 서로 미세하게 다르기 때문에 발생하는 문제를 해결하려는 것으로써 서로 다른 두 개의 모터를 똑같은 출력으로 회전시키기 위해 사용할 수 있다. PID 속도제어를 해제하기 위해서는 mtrSpeedReg 대신에 mtrNoReg를 사용하여 명령을 실행하면 해당 모터의 속도제어 모드가 해제된다.

✐ 실습예제 8-11: 모터의 PID 속도제어

서보모터의 PID제어 기능을 이용하여 가장 정확한 속도로 움직이는 로봇이 되도록 프로그램 하라. 모터의 출력을 낮게 잡은 경우나 전지의 출력이 낮을 경우, 두 바퀴가 물려 있는 모터의 출력을 같게 만들어 주어도 직진하지 않는 경우가 많다. 이렇게 모터의 미세한 출력차이 때문에 발생하는 속도 오차를 PID 속도 제어로 어느 정도 보완할 수 있다. nMotorPIDSpeedCtrl[모터명]를 사용하여 모터를 정확하게 PID 속도제어를 할 수 있다. 10초 동안 50%의 파워로 모터를 전진하고 정확히 로봇이 정지하도록 프로그램을 작성하라.

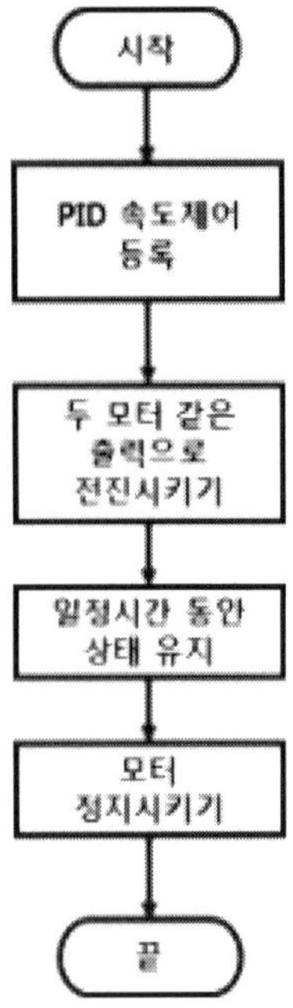


```
task main()
{
  nMotorPIDSpeedCtrl[motorB] = mtrSpeedReg;
  nMotorPIDSpeedCtrl[motorC] = mtrSpeedReg;

  motor[motorB] = 50;
  motor[motorC] = 50;
  wait1Msec(10000);

  motor[motorB] = 0;
  motor[motorC] = 0;

 }
```

- **nMotorPIDSpeedCtrl[모터명] = mtrSpeedReg**

  PID 속도제어를 등록하는 함수로서 모터가 정확한 출력을 할 수 있도록 모터의 출력을 자동으로 조정한다.

- **nMotorPIDSpeedCtrl[motorB = mtrSpeedReg;**

  모터B가 PID 속도제어가 되도록 등록한다.

✐ 실습예제 8-12: 두 개 모터의 동기화

두 개의 모터를 동기화 시켜 한쪽 모터의 일정 비율만큼의 속도로 움직이는 로봇을 만들 수 있다. 4초 동안 50%의 파워로 모터를 전진하도록 동기화 방법을 이용하여 프로그램을 작성하라. 단, 두 개의 모터를 동기화시키기 위해 nSyncedMotors = synchAC를 사용한다. synch[첫 번째 모터][두 번째 모터]는 첫 번째 모터 출력에 두 번째 모터를 동기화시킨다는 것을 의미한다.

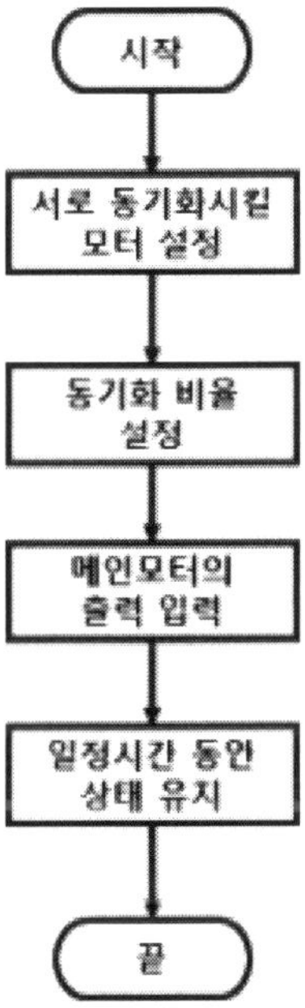


```
task main()
{
   short synAC;
   short nSyncedMotors  = synchAC;
   short TurnRatio  = 100;

   motor[motorB] = 50;
   wait1Msec(4000);
}
```

- **nSyncedTurnRatio = 모터 동기화 비율**

첫 번째 모터에 따른 두 번째 모터의 동기화 비율을 설정하고 동기화 비율은 -100 ~ +100% 까지 입력 가능하며, 동기화 비율에 따른 두 번째 모터의 파워 공식은 다음과 같다.

$$\text{두 번째 모터 파워} = \frac{\text{동기화 비율}}{100} \times \text{첫 번째 모터의 파워}$$

동기화 비율이 100인 경우 두 개의 모터가 같은 속도로 회전하고, 동기화 비율이 100보다 작은 경우 로봇은 회전을 한다. 즉 동기화 비율을 조절하여 스윙 턴, 커브 턴 등의 다양한 움직임을 표현할 수 있다.

8.6 실습문제: 자동차 핸들

모터에 축을 연결해서 자동차 핸들을 구현해 보자.

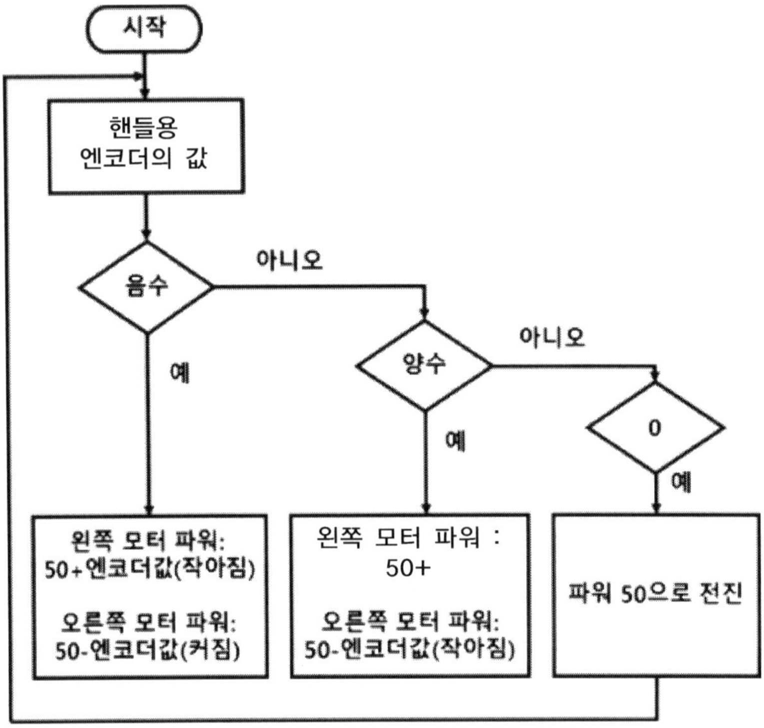


```
task main()
{
  nMotorEncoder[motorB] = 0;
  while(1){
    if ( nMotorEncoder[motorB] 〈 0) {
      motor[motorB] = 50 + nMotorEncoder[motorB] ;
      motor[motorC] = 50 - nMotorEncoder[motorB] ;      }
    else if ( nMotorEncoder[motorB] 〉 0) {
      motor[motorB] = 50 + nMotorEncoder[motorB] ;
      motor[motorC] = 50 - nMotorEncoder[motorB] ;      }
    else {
      motor[motorB] = 50;
      motor[motorC] = 50;        }
  }
}
```

9 경로탐색 과제

9.1 경로 탐색 방법[1)]

(1) 미로 탐색 알고리즘이란?

미로 탐색 알고리즘이란, 미로를 전혀 알지 못하는 상태에서 출발점에서 목적지까지 경로를 찾아가기 위한 방법을 말한다. 여기에는 출발점에서 목적지까지의 여러 경로 중 가장 짧은 경로를 찾아내는 것을 포함한다. 이런 미로 탐색 알고리즘은 여러 가지 방법이 공개되었고, 그 구현방법도 많이 알려져 있으며, 지금은 새로운 알고리즘이 개발되고 있다.

기존의 알고리즘 중 가장 많이 알려진 것으로는 좌수법, 우수법, 직진법, 구심법 그리고 이것들의 단점을 보완한 확장 좌수법, 확장 우수법, 확장 구심법 등이 있다. 특히 최단거리 알고리즘으로는 등고선법이 있으며 확장 구심법에 포함되어 주로 구현되고 있다. 그 중 가장 간단한 좌수법과 우수법에 대해서 설명한다.

(2) 좌수법

좌수법은 말 그대로 왼쪽 벽을 따라서 주행하는 알고리즘이다. 좌수법은 갈림길에서 왼쪽 → 앞쪽 → 오른쪽의 순서대로 우선순위를 매긴다. 아래는 임의의 5×5 미로에서 좌수법으로 주행한 예이다. 왼쪽 벽을 따라서 주행하고 있음을 볼 수 있다. 좌표(1,1)의 출발지(S)에서

1) 출처 : http://microrobot.snu.ac.kr/

출발한 로봇이 좌표(1,2)에서 왼쪽 → 앞쪽 → 오른쪽의 순서대로 다음 방향을 탐지하고 있다. 이 좌표에서는 왼쪽은 벽이 있으므로, 다음으로 우선순위가 높은 앞쪽이 로봇의 다음 진행 방향으로 선택되었다. 이런 방식으로 로봇은 좌표(3,3)에 위치한 목적지(G)에 도착하고 있다.

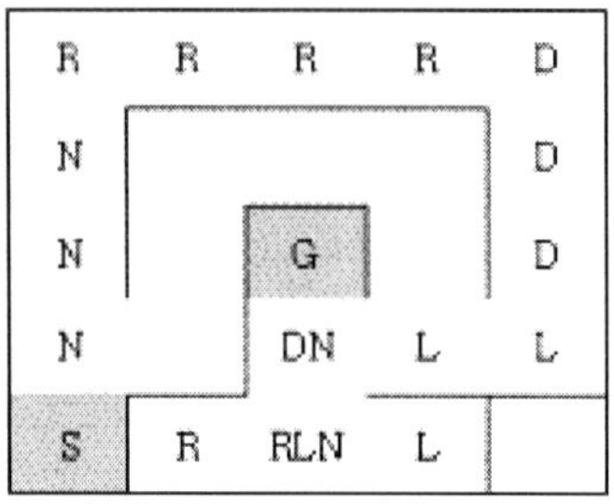

[좌수법으로 주행한 예]

[그림 9-1] 좌수법

(3) 우수법

우수법은 말 그대로 오른쪽 벽을 따라서 주행하는 알고리즘이다. 우수법은 갈림길에서 오른쪽 → 앞쪽 → 왼쪽의 순서대로 우선순위를 매긴다. 아래는 임의의 5×5 미로에서 우수법으로 주행한 예이다. 오른쪽 벽을 따라서 주행하고 있음을 볼 수 있다.

좌표(1,1)의 출발지(S)에서 출발한 로봇이 좌표(1,2)에서 오른쪽 → 앞쪽 → 왼쪽의 순서대로 다음방향을 탐지하고 있다. 이 좌표에서는 오른쪽방향이 비워있으므로, 가장 우선순위가 높은 오른쪽이 로봇의 다음 진행방향으로 선택되었다. 이런 방식으로 로봇은 좌표(3,3)에 위치한 목적지(G)에 도착하고 있다.

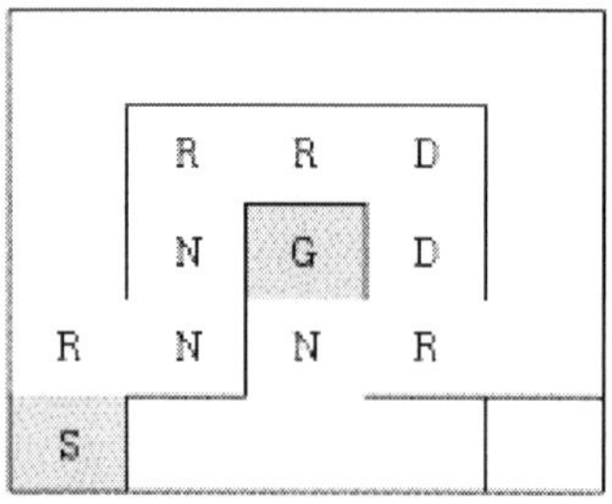

[우수법으로 주행한 예]

[그림 9-2] 우수법

📖 과제 9-1: 라인 탐색 프로그램

다음 그림에서 출발에서 도착까지 최단 시간에 도착할 수 있는 순서도이다. 아래 경기장에서 1, 2, 3, 4, 5는 기존 라인을 삭제하였으므로 횡단할 수 없다. 출발지점에서 도착지점까지 가장 빠른 시간에 도달할 수 있는 프로그램을 작성하라. 경기에 따라서 1, 2, 3, 4, 5 라인 대신에 다른 곳의 라인을 제거할 수 있다.

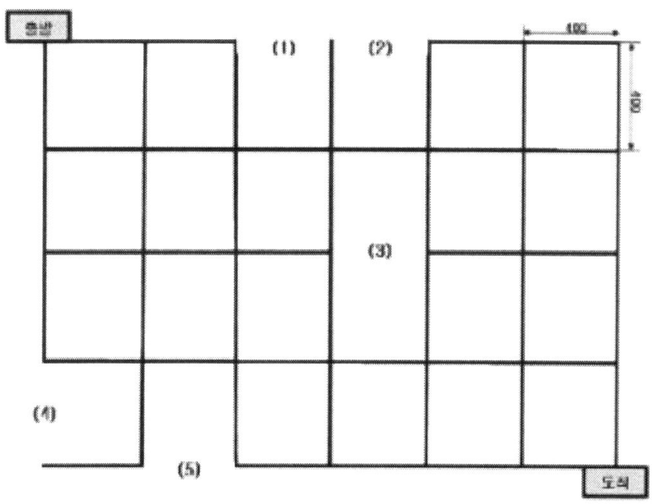

〈라인 탐색 경기장〉

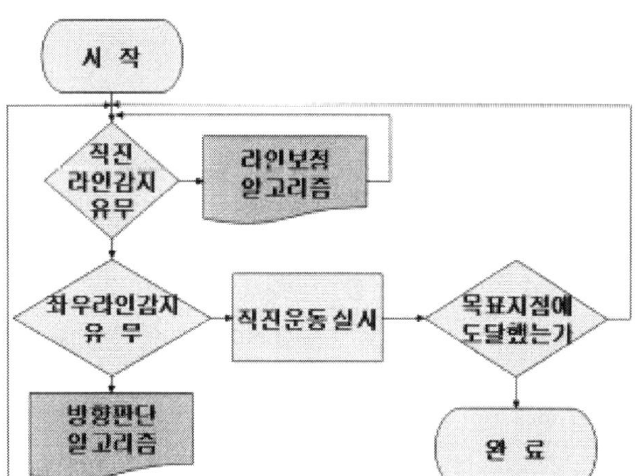

〈라인 탐색 순서도〉

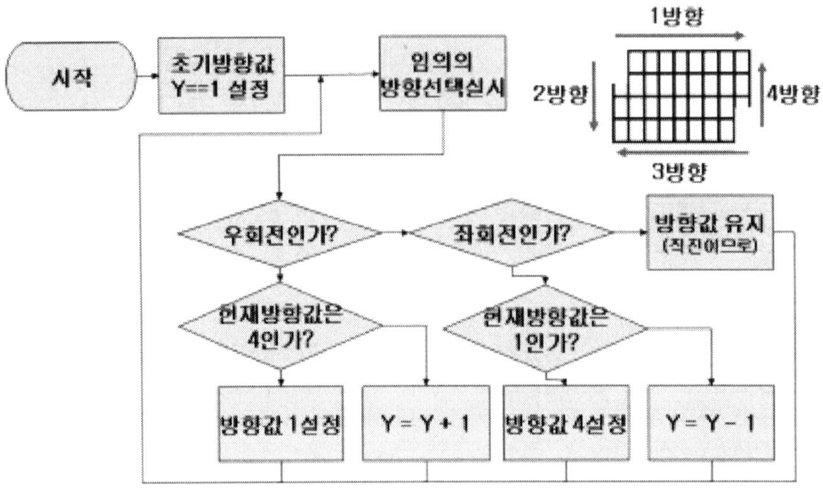

〈우선순위 방향선택 순서도〉

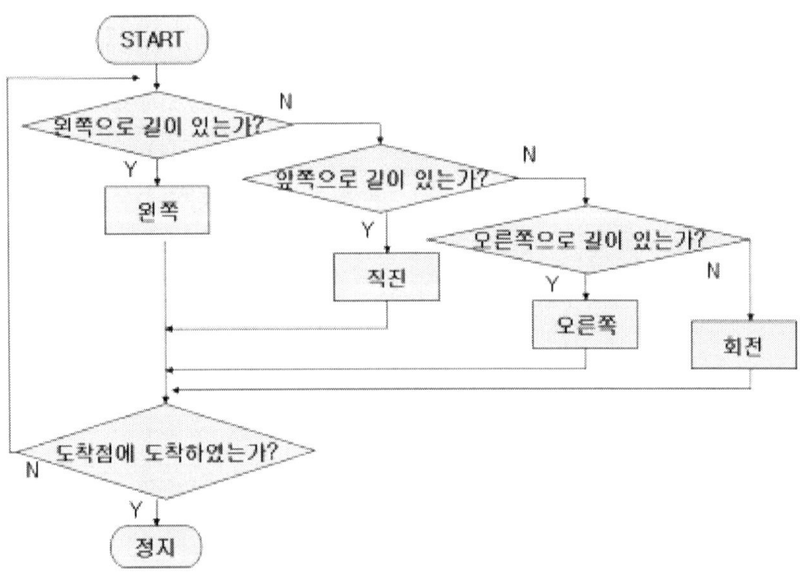

〈라인이동 순서도〉

9.2 최종 과제 1: 로봇 씨름

로봇 씨름은 주어진 시간 동안(100초) 자율 이동 로봇으로 라인 따라가기를 하여 지정된 원형 씨름 경기장 안에 진입하여 상대방의 로봇을 씨름 경기장 밖으로 밀어 떨어뜨리는 경기이다. 이를 수행할 수 있도록 ROBOTC로 프로그램을 작성하여라.

(1) 경기장

1200mm×2400mm의 사이즈의 경기장이며, 테두리에는 높이 50mm 이상의 벽이 있다. 다음 그림과 같이 두께 20mm의 라인으로 구성된 라인트레이싱 구간이 있으며, 그 위에 높이 5cm의 언덕이 위치해 있다. 가운데에는 지름 100cm의 씨름 경기장이 있다.

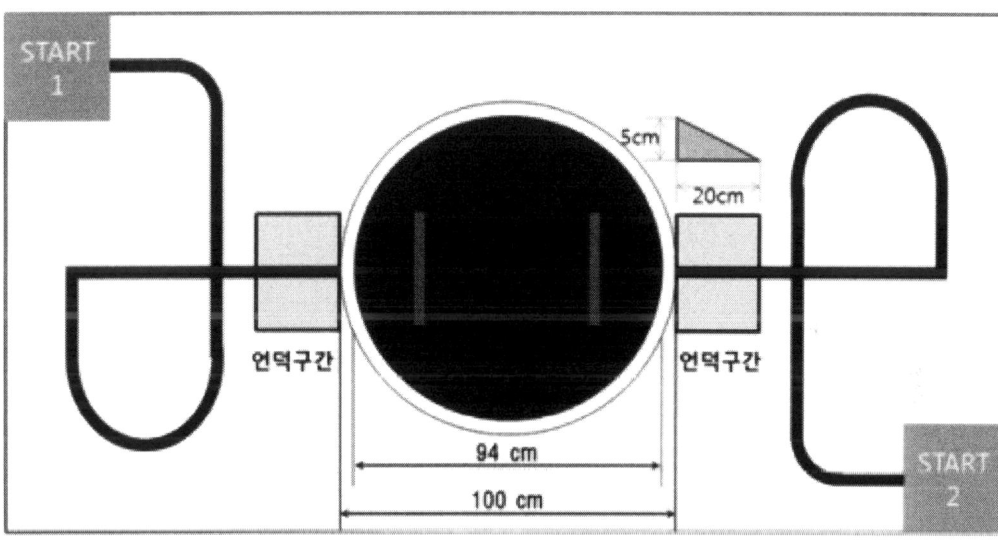

[그림 9-3]

(2) 로봇 제한

- 크기 : 가로 세로 250mm 이내, 무게는 1.5kg 이내, 높이 제한은 없고 크기는 최소한으로 접었을 때의 크기이며, 경기 중에 크기가 커질 수 있다.
- 부품 : 제공된 EV3 코어세트 1개, 익스팬션세트 1개 및 추가로는 컬러센서 1개와 NXT 모터 1개를 더 사용할 수 있다. 세트 내에 포함된 정품 배터리만 사용할 수 있다.

(3) 경기 규정

양쪽 출발위치에서 각각 출발하여 원형 씨름 경기장에 진입해야 하며, 라인트레이싱 중 라인을 이탈한 경우에는 1회에 한해서 재시도를 할 수 있으며, 이 시간을 모두 포함하여 40초 이내에 씨름 경기장에 진입해야 한다. 매 경기마다 내장된 프로그램을 선택해서 실행할 수 있다.

[그림 9-4]

(4) 프로그램 알고리즘

[라인 탐색] AOA팀 (김용재, 김정재)

[40 - (왼쪽 빛값-오른 쪽빛값) * 3] / [40 + (왼쪽 빛값-오른쪽 빛값) * 3]

왼쪽 빛센서 값과 오른쪽 빛센서 값의 차를 이용하여 라인을 따라가는 프로그램이다. 40은 직진시 기본 모터의 전진속도이고 *3은 적당한 수치를 찾아 넣었다. 이 탐색의 장점은 급커브 구간에서 빛값의 차고 모터가 회전하기 때문에 좀 더 부드럽고 빠른 턴을 할 수 있다. 또한 마지막 교차로에서 잠깐 정지하면서 로봇을 경기장과 일렬로 정렬한구 올라가기 때문에 좀 더 안정적이다.

a. 양쪽 빛값이 10보다 크면(흰색) 전진
b. 왼쪽 빛 값은 10보다 크고(흰색) 오른쪽 빛 값이 10보다 작으면(검정) 우회전
c. 왼쪽 빛 값은 10보다 작고(검정) 오른쪽 빛 값이 10보다 크면(흰색) 좌회전
d. 양쪽 빛 값 모두 10보다 작으면(검정, 교차로) 변수에 카운터 1씩 저장하고 교차로를

3번 만나면 정지하여 정렬하고 모터 속도를 최대로 하여 올라간다.

PLAN 1 라인탐색 후 경기장에 올라가서 왼쪽으로 돌아가 대기한 후 상대방 로봇이 올라오면 뒤에서 공격하는 전략이다. 로봇 무게가 많이 나가거나 정면 전에서 힘으로 밀릴 때 사용하며 사각형모형에 큰 로봇을 상대하기 위해 프로그램을 작성하였다.

PLAN 2 상대방보다 빠른 라인탐색으로 경기장에 입장 후 언덕입구에서 대기하다가 상대방이 올라오면 밀어내는 방식이다. 이 대회에서 가장 많이 사용한 전략으로 상대가 올라올 때 앞에 달린 공격형 서브모터가 반대방향으로 회전하여 마찰력과 상대방이 미는 힘, 내 로봇이 전진하는 힘을 이용하여 상대 로봇을 들어 뒤집는 방식이다. 앞에 달린 빛 센서가 경기장 흰색 바탕의 라인에 닿으면 잠시 뒤로 물러난 후 다시 초음파센서를 감지하여 공격하게 된다. 단점으로는 상대가 먼저 올라와 경기장에서 움직이고 있다면 탐색 기능이 없어 찾지 못한다.

PLAN 3 상대로봇이 흰색 빔을 이용하여 밑판을 내릴 경우 빛 센서가 빔을 경기장에 흰색 틀로 인식해 뒤로 물러나는 것을 방지하기 위해 작성한 프로그램이다. 이 프로그램은 상대가 경기장에 먼저 올라오더라도 낮은 속도로 천천히 포인트 턴을 하면서 상대를 기다린 후 초음파 센서에 걸리면 상대가 경기장 밖으로 떨어져 멀어 질 때까지 전진하는 프로ᄀ램이다.

(5) 프로그램 사례[2)]

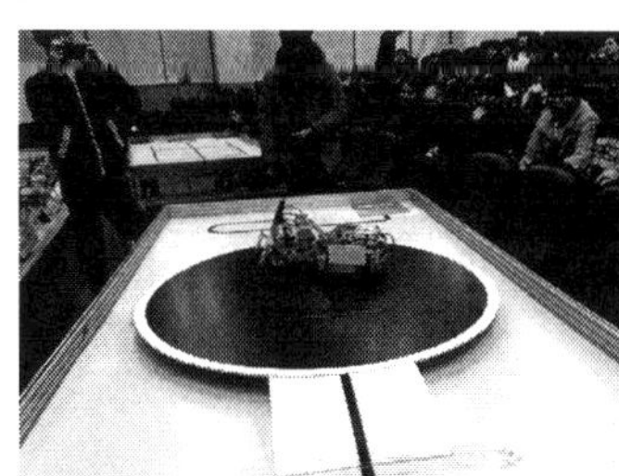

2) 2015년 우승자: 윤영상/김혜빈

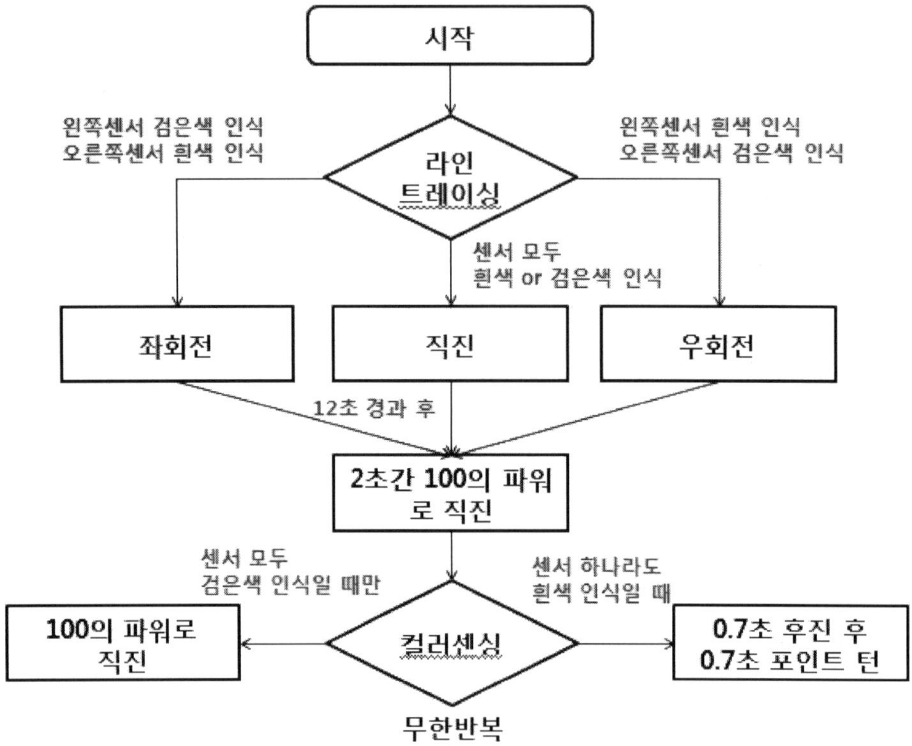

프로그램은 다음 순서도와 같이 타이머를 사용해서(카운터보다 변수가 적어 사용) 12초 간 라인트레이싱을 진행한다. 라인트레이싱은 컬러센서 두 개를 사용해서 했는데, 왼쪽은 반사광모드, 오른쪽은 컬러모드를 사용했는데, 처음에는 프로그램을 while 문의 조건을 오른쪽이 파란색을 만나면 멈추도록 했기 때문에 오른쪽에 컬러모드를 사용했었는데 바꾸지 않아서 그대로 사용한다. 이 로봇은 다른 팀들 로봇보다 컬러 센서의 간격이 좁았기 때문에, 좀 더 빠르고 정확한 라인트레이싱이 가능하다. 문턱값을 25로 정했고 왼쪽 센서만 검은색이 인식되면 우회전, 오른쪽 센서만 검은색이라면 좌회전, 둘 다 검은색이거나 흰색이라면 직진하게 프로그래밍을 한다. 12초 간의 라인트레이싱이 끝나면 2초간 최고 속도로 직진하게 된다. 이렇게 하니 오차 없이 항상 씨름장위로 올라올 수 있고, 씨름장 위에서는 되게 단순하게 프로그램을 작성하는데, 두 센서 모두 검은색이 인식된다면 최고 속도로 직진하고, 두 센서 하나라도 흰 색이 인식된다면 최고속도로 0.7초간 후진하고 0.7초간 포인트 턴하게 만들고, 이것을 무한반복하게 하도록 씨름 프로그램을 작성한다.

```
#pragma config(Sensor, S1,  c1,  sensorEV3_Color)
#pragma config(Sensor, S2,  c2,  sensorEV3_Color, modeEV3Color_Color)
#pragma config(Motor, motorB, l, tmotorEV3_Large, PIDControl, encoder)
#pragma config(Motor, motorC, r, tmotorEV3_Large, PIDControl, encoder)
#pragma config(Motor, motorD, f, tmotorEV3_Large, PIDControl, encoder)

task main()
{
   clearTimer(T1);
   while(time1[T1]<12000){
         if(SensorValue[S1]<=25 && SensorValue[S2]==6){
                 motor[motorB]=-30;
                 motor[motorC]=50;           }
         if(SensorValue[S1]>25 && SensorValue[S2]==6){
                 motor[motorB]=60;
                 motor[motorC]=60;           }
         if(SensorValue[S1]>25 && SensorValue[S2]==1){
                 motor[motorB]=50;
                 motor[motorC]=-30;          }
         if(SensorValue[S1]<=25 && SensorValue[S2]==1){
                 motor[motorB]= 60;
                 motor[motorC]= 60;          }
   }
   motor[motorB]=100;
   motor[motorC]=100;
   wait1Msec(2000);
   while(1){
    while(SensorValue[S1]<=25 && SensorValue[S2]!=6){
         motor[motorB] = 100;
        motor[motorC] = 100;     }
    if(SensorValue[S1]>25 || SensorValue[S2]==6){
         motor[motorB] =-100;
         motor[motorC] =-100;
         wait1Msec(700);
         motor[motorB] =100;
         motor[motorC] =-100;
         wait1Msec(700);
    }
  }
}
```

9.3 최종 과제 2: 로봇 포켓볼

로봇 포켓볼은 주어진 시간 동안(180초) 빨간색 공은 빨간색 골인구역으로 파란색 공은 파란색 골인구역으로 많이 넣을 수 있도록 ROBOTC로 프로그램을 작성하여라.

(1) 경기장

1200mm×2400mm의 사이즈의 경기장이며, 테두리에는 높이 50mm 이상의 벽이 있다. 지정된 출발 위치에서 출발하며, 공의 골인 구역은 청색과 적색 각각 대각선 모서리에 두 곳씩 위치해 있다. 위 그림에서처럼 경기장 내에는 총 12개의 공이 위치하게 되며, 공의 색상은 임의로 변경될 수 있다. 공은 EV3 코어세트에 포함된 고무링 위에 놓여진다. (고무링이 바닥에 고정되어 있지 않다)

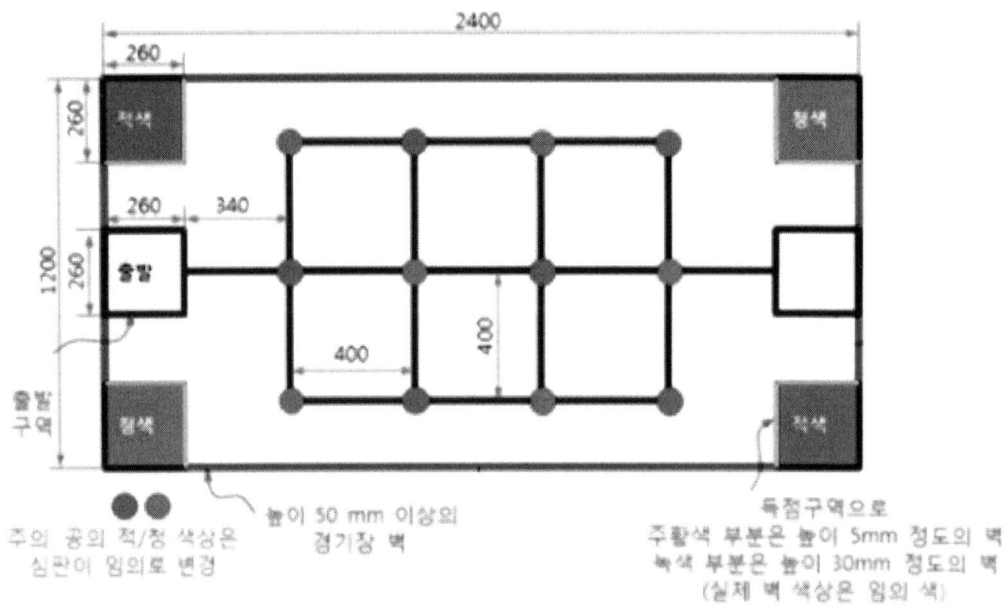

[그림 9-5]

(2) 로봇 제한

- 크기 : 가로 세로가 250mm 이내로 높이/무게 제한 없고, 최소한으로 접었을 때의 크기이며, 경기 중에 크기가 커질 수 있다.
- 부품 : 제공된 EV3 코어세트 1개, 익스팬션세트 1개 및 추가로는 컬러센서 2개와 NXT 모터 1개를 더 사용할 수 있다. 세트 내에 포함된 정품 배터리만 사용할 수 있다.

(3) 점수 규정

180초의 경기가 종료된 후 골인 구역 안에 있는 공으로 채점된다. 경기 후 로봇이 골인 구역 안에 있는 경우 로봇 위에 위치한 공은 점수로 인정되지 않는다. 즉 경기 중에는 골인 구역 안에 로봇이 들어갈 수 있으나, 종료 후에는 골인 구역 밖에 위치해 있어야 한다.

- 올바른 색의 공이 들어가 있으면 1개당 각 10점
- 잘못된 색의 공은 1개당 -11점

[그림 9-6]

(5) 프로그램 사례[3)]

3) 2015년 준우승자: 신동석/이영진

기본적으로 공을 하나씩 잡고 옮기는 프로그램으로, 처음 시작하면 라인트레이싱으로 첫 번째 공을 인식한다. 파랑색이면 변수 a는 +2, 빨강색이면 변수 a는 +1이 되어 처음 라인트레이싱용 while문을 벗어나 공의 색에 따라 다음 while 문을 행하여 팔을 내리고 5mm벽을 넘기 위해 다시 팔을 살짝 들어주고 후진을 한 뒤 공색에 맞게 좌, 우로 회전하여 공을 밀어 넣은 뒤 팔을 다시 들고 후진하고 다시 라인트레이싱을 위한 라인쪽으로의 전진을 한다. 그후 변수 a의 값을 추가하여 다음 공을 잡으러 가는 라인트레이싱용 while문으로 전환시킨다. 라인트레이싱은 최대한 부드럽게 움직이도록 B와 C 모터의 속력 차이를 10으로 두고 공을 잡고 정해진 위치로 움직이는 동작은 전부 delay를 이용한 계산 값으로 이루어져 있다. 위의 작업들을 모두 Ctrl C + V를 이용하여 대부분 반복되는 소스코드이다.

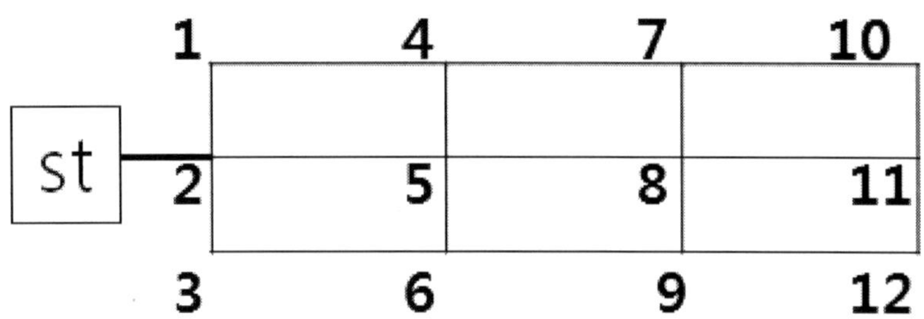

공을 잡는 순서는 위의 그림처럼이면 2, 5, 1, 3, 8, 11, 10, 12 순으로 잡도록 했다. 마지막을 점검 안 해서 그런지 11번을 잡은 후 10번으로 안가고 8번 위치로 가는 오류를 범해서 소스코드가 조금 이상하다. 이 프로그램의 특징이자 단점은 문턱 체크와 공의 분별을 모두 변수 a로 조작하기 때문에 재시작이 불가능하다는 점에 있다.

```
#pragma config(Sensor, S3, C3, sensorEV3_Color, modeEV3Color_Color)

int LS()
{
    setMotorSpeed(motorB,40);
    setMotorSpeed(motorC,40);
    delay(2500);
    return 0;
}
int gB()
{
    setMotorSpeed(motorB,-40);
    setMotorSpeed(motorC,-40);
```

```
    delay(2300);
    return 0;
}
int GB()
{
    setMotorSpeed(motorB,-40);
    setMotorSpeed(motorC,-40);
    delay(1400);
    return 0;
}
int LB()
{
    setMotorSpeed(motorB,-40);
    setMotorSpeed(motorC,-40);
    delay(2050);
    return 0;
}
int SB()
{
    setMotorSpeed(motorB,-40);
    setMotorSpeed(motorC,-40);
    delay(1800);
    setMotorSpeed(motorB,0);
    setMotorSpeed(motorC,0);
    delay(100);
    return 0;
}
int SS()
{
    setMotorSpeed(motorB,35);
    setMotorSpeed(motorC,35);
    delay(250);
    return 0;
}
int S()
{
    setMotorSpeed(motorB,40);
    setMotorSpeed(motorC,40);
    delay(2000);
```

```
    setMotorSpeed(motorB,0);
    setMotorSpeed(motorC,0);
    delay(100);
    return 0;
}
int B()
{
    setMotorSpeed(motorB,-40);
    setMotorSpeed(motorC,-40);
    delay(2000);
    setMotorSpeed(motorB,0);
    setMotorSpeed(motorC,0);
    delay(100);
    return 0;
}
int AD()
{
   motor[motorB]=0;
   motor[motorC]=0;
    motor[motorA]=-20;
   delay(1000);
   motor[motorA]=0;
   delay(200);
   motor[motorA]=20;
   delay(200);
   motor[motorA]=0;
   delay(200);
   return 0;
}
int AU()
{
    setMotorSpeed(motorA,20);
    delay(850);
    return 0;
}
int R()
{
    setMotorSpeed(motorB,40);
    setMotorSpeed(motorC,30);
```

```
    return 0;
}
int L()
{
    setMotorSpeed(motorB,30);
    setMotorSpeed(motorC,40);
    return 0;
}

int SL()
{
    setMotorSpeed(motorB,40);
    setMotorSpeed(motorC,40);
    delay(250);
    setMotorSpeed(motorB,-40);
    setMotorSpeed(motorC,40);
    delay(400);
    return 0;
}
int OL()
{
    setMotorSpeed(motorB,-40);
    setMotorSpeed(motorC,40);
    delay(450);
    setMotorSpeed(motorB,0);
    setMotorSpeed(motorC,0);
    delay(100);
    return 0;
}
int SR()
{
    setMotorSpeed(motorB,40);
    setMotorSpeed(motorC,40);
    delay(250);
    setMotorSpeed(motorB,40);
    setMotorSpeed(motorC,-40);
    delay(400);
    setMotorSpeed(motorB,40);
    setMotorSpeed(motorC,40);
```

```
    delay(200);
    return 0;
}
int OR()
{
    setMotorSpeed(motorB,40);
    setMotorSpeed(motorC,-40);
    delay(450);
    setMotorSpeed(motorB,0);
    setMotorSpeed(motorC,0);
    delay(100);
    return 0;
}
task main()
{ // 1
    int a = 0;
    while(a==0) {
      if(SensorValue(S3)==2) a=a+2;
      else if(SensorValue(S3)==5) a=a+1;
      else {
            if(SensorValue(S1)>35) {
                    if(SensorValue(S4)>35) {
                     L();    }
                    else    R();
            }
            else {
                    if(SensorValue(S1)>35) L();
                    else R();
            }
      }
   }
   while(a==2) {
    AD();
    SB();
    OR();
    S();
    AU();
    B();
    OL();
```

```
  setMotorSpeed(motorB,40);
  setMotorSpeed(motorC,40);
  delay(800);
  a=a+1;
}
while(a==1) {
  AD();
  SB();
  OL();
  S();
  AU();
  B();
  OR();
  setMotorSpeed(motorB,40);
  setMotorSpeed(motorC,40);
  delay(800);
  a=a+2;
}
while(a>=3 && a<=4)  { //2
  if(SensorValue(S3)==2) a=a+2;
else if(SensorValue(S3)==5) a=a+1;
else {
        if(SensorValue(S1)>35) {
                if(SensorValue(S4)>35) L();
                else  R();  }
        clsc  {
                if(SensorValue(S1)>35) L();
                else  {
                  SS();
                  a=a+1;  }
        }
   }
  }
  while(a==6) {
  AD();
  LB();
  SB();
  OR();
  S();
```

```
  AU();
  setMotorSpeed(motorB,-40);
  setMotorSpeed(motorC,-40);
  delay(2050);
  setMotorSpeed(motorB,0);
  setMotorSpeed(motorC,0);
  delay(100);
  OL();
  setMotorSpeed(motorB,40);
  setMotorSpeed(motorC,40);
  delay(900);
  a=a+1;
 }
 while(a==5) {
  AD();
  LB();
  SB();
  OL();
  S();
  AU();
  setMotorSpeed(motorB,-40);
  setMotorSpeed(motorC,-40);
  delay(2000);
  setMotorSpeed(motorB,0);
  setMotorSpeed(motorC,0);
  delay(100);
  OR();
  setMotorSpeed(motorB,40);
  setMotorSpeed(motorC,40);
  delay(900);
  a=a+2;
}
while(a>=7 && a<=8) { //3
     if(SensorValue(S3)==2) a=a+2;
     else if(SensorValue(S3)==5) a=a+1;
     else {
           if(SensorValue(S1)>35) {
                      if(SensorValue(S4)>35) L();
                      else  R();          }
```

```
            else  {
                      if(SensorValue(S1)>35)  L();
                      else        {
                        SL();
                        a=a+1;   }
            }
    }
}
while(a==10) {
 AD();
 GB();
 setMotorSpeed(motorB,40);
 setMotorSpeed(motorC,-40);
 delay(500);
 setMotorSpeed(motorB,0);
 setMotorSpeed(motorC,0);
 delay(100);
 gB();
 OR();
 S();
 AU();
 setMotorSpeed(motorB,-40);
 setMotorSpeed(motorC,-40);
 delay(2050);
 setMotorSpeed(motorB,0);
 setMotorSpeed(motorC,0);
 delay(100);
 OL();
 setMotorSpeed(motorB,40);
 setMotorSpeed(motorC,40);
 delay(900);
 a=a+1;
}
while(a==9) {
 AD();
 GB();
 setMotorSpeed(motorB,40);
 setMotorSpeed(motorC,-40);
 delay(500);
```

```
setMotorSpeed(motorB,0);
setMotorSpeed(motorC,0);
delay(100);
gB();
setMotorSpeed(motorB,-40);
setMotorSpeed(motorC,40);
delay(500);
setMotorSpeed(motorB,0);
setMotorSpeed(motorC,0);
delay(100);
setMotorSpeed(motorB,40);
setMotorSpeed(motorC,40);
delay(2200);
setMotorSpeed(motorB,0);
setMotorSpeed(motorC,0);
delay(100);
setMotorSpeed(motorB,-40);
setMotorSpeed(motorC,-40);
delay(250);
setMotorSpeed(motorB,0);
setMotorSpeed(motorC,0);
delay(200);
AU();
setMotorSpeed(motorB,-40);
setMotorSpeed(motorC,-40);
delay(2000);
setMotorSpeed(motorB,0);
setMotorSpeed(motorC,0);
delay(100);
OR();
setMotorSpeed(motorB,40);
setMotorSpeed(motorC,40);
delay(900);
a=a+2;
}
while(a>=11 && a<=12)  { //4
    if(SensorValue(S3)==2) a=a+2;
    else if(SensorValue(S3)==5) a=a+1;
    else {
```

```
            if(SensorValue(S1)>35) {
                        if(SensorValue(S4)>35)   L();
                        else  R();        }
            else {     if(SensorValue(S1)>35)   L();
                        else   {    SR();
                          a=a+1;    }
            }
    }
}
while(a==14) {
    AD();
    GB();
    setMotorSpeed(motorB,-40);
    setMotorSpeed(motorC,40);
    delay(500);
    setMotorSpeed(motorB,0);
    setMotorSpeed(motorC,0);
    delay(100);
    gB();
    setMotorSpeed(motorB,40);
    setMotorSpeed(motorC,-40);
    delay(500);
    setMotorSpeed(motorB,0);
    setMotorSpeed(motorC,0);
    delay(100);
    S();
    AU();
    setMotorSpeed(motorB,-40);
    setMotorSpeed(motorC,-40);
    delay(2050);
    setMotorSpeed(motorB,0);
    setMotorSpeed(motorC,0);
    delay(100);
    OL();
    setMotorSpeed(motorB,40);
    setMotorSpeed(motorC,40);
    delay(900);
    a=a+1;
}
```

```
while(a==13)  {
    AD();
    GB();
    setMotorSpeed(motorB,-40);
    setMotorSpeed(motorC,40);
    delay(500);
    setMotorSpeed(motorB,0);
    setMotorSpeed(motorC,0);
    delay(100);
    setMotorSpeed(motorB,-40);
    setMotorSpeed(motorC,-40);
    delay(2400);
    setMotorSpeed(motorB,-40);
    setMotorSpeed(motorC,40);
    delay(450);
    setMotorSpeed(motorB,0);
    setMotorSpeed(motorC,0);
    delay(100);
    S();
    AU();
    setMotorSpeed(motorB,-40);
    setMotorSpeed(motorC,-40);
    delay(2000);
    setMotorSpeed(motorB,0);
    setMotorSpeed(motorC,0);
    delay(100);
    OR();
    setMotorSpeed(motorB,40);
    setMotorSpeed(motorC,40);
    delay(900);
    a=a+2;
 }
 while(a>=15 && a<=17) {  //5
  if(SensorValue(S3)==2) a=a+2;
    else if(SensorValue(S3)==5) {
                AD();
                a=a+1; }
    else  {
          if(SensorValue(S1)>35)  {
```

```
                    if(SensorValue(S4)>35)  {
                      setMotorSpeed(motorB,30);
                      setMotorSpeed(motorC,40);          }
                    else  {
                           setMotorSpeed(motorB,40);
                          setMotorSpeed(motorC,30);    }
            }
            else  {
                    if(SensorValue(S1)>35) {
                           setMotorSpeed(motorB,30);
                           setMotorSpeed(motorC,40);   }
                    else  {
                      SS();
                      a=a+1;   }
            }
      }
  }
  while(a==19) {
    AD();
    LB();
    LB();
    SB();
    OR();
    setMotorSpeed(motorB,40);
    setMotorSpeed(motorC,40);
    dclay(2100);
    setMotorSpeed(motorB,0);
    setMotorSpeed(motorC,0);
    delay(100);
    AU();
    B();
    OL();
    setMotorSpeed(motorB,40);
    setMotorSpeed(motorC,40);
    delay(900);
    a=a+1;
}
while(a==18) {
  AD();
```

```
  LB();
  LB();
  SB();
  OL();
  S();
  AU();
  B();
  OR();
  setMotorSpeed(motorB,40);
  setMotorSpeed(motorC,40);
  delay(900);
  a=a+2;
}
while(a>=20 && a<=23) { //6
    if(SensorValue(S3)==2) a=a+2;
    else if(SensorValue(S3)==5) a=a+1;
    else {
          if(SensorValue(S1)>35) {
                    if(SensorValue(S4)>35) L();
                    else R();          }
          else {
                    if(SensorValue(S1)>35) L();
                    else {
                      SS();
                      a=a+1; }
          }
    }
}
while(a==25) {
        AD();
        setMotorSpeed(motorB,40);
        setMotorSpeed(motorC,40);
        delay(3000);
        setMotorSpeed(motorB,0);
        setMotorSpeed(motorC,0);
        delay(100);
        setMotorSpeed(motorB,-40);
        setMotorSpeed(motorC,-40);
        delay(200);
```

```
            setMotorSpeed(motorB,0);
            setMotorSpeed(motorC,0);
            delay(200);
            OR();
            S();
            AU();
            B();
            OR();
            setMotorSpeed(motorB,40);
            setMotorSpeed(motorC,40);
            delay(900);
            a=a+1;
}
while(a==24) {
  AD();
  setMotorSpeed(motorB,40);
            setMotorSpeed(motorC,40);
            delay(3000);
            setMotorSpeed(motorB,0);
            setMotorSpeed(motorC,0);
            delay(100);
            setMotorSpeed(motorB,-40);
            setMotorSpeed(motorC,-40);
            delay(200);
            setMotorSpeed(motorB,0);
            sctMotorSpeed(motorC,0);
            delay(200);
            OL();
            S();
            AU();
            B();
            OL();
            setMotorSpeed(motorB,40);
            setMotorSpeed(motorC,40);
            delay(900);
            a=a+2;
}
while(a>=26 && a<=27) { //7
  if(SensorValue(S3)==2)   a=a+2;
```

```
    else if(SensorValue(S3)==5) a=a+1;
    else {
           if(SensorValue(S1)>35) {
                    if(SensorValue(S4)>35) L();
                    else   R();         }
           else {
                    if(SensorValue(S1)>35) L();
                    else {
                      SS();
                      a=a+1;            }
           }
    }
  }
  while(a==29) {
         AD();
         LB();
         SB();
         OR();
         S();
         AU();
         setMotorSpeed(motorB,-40);
         setMotorSpeed(motorC,-40);
         delay(2050);
         setMotorSpeed(motorB,0);
         setMotorSpeed(motorC,0);
         delay(100);
         OL();
         setMotorSpeed(motorB,40);
         setMotorSpeed(motorC,40);
         delay(900);
         a=a+1;
}
while(a==28) {
     AD();
     LB();
     SB();
     OL();
     S();
     AU();
```

```
    setMotorSpeed(motorB,-40);
    setMotorSpeed(motorC,-40);
    delay(2000);
    setMotorSpeed(motorB,0);
    setMotorSpeed(motorC,0);
    delay(100);
    OR();
    setMotorSpeed(motorB,40);
    setMotorSpeed(motorC,40);
    delay(900);
    a=a+2;
}
while(a>=30 && a<=31) { //8
    if(SensorValue(S3)==2) a=a+2;
    else if(SensorValue(S3)==5) a=a+1;
    else  {
          if(SensorValue(S1)>35)  {
                    if(SensorValue(S4)>35)  L();
                    else  R();          }
          else  {  if(SensorValue(S1)>35)  L();
                    else  {
                      SL();
                      a=a+1;  }
          }
    }
}
while(a==33) {
    AD();
    GB();
    setMotorSpeed(motorB,40);
    setMotorSpeed(motorC,-40);
    delay(500);
    setMotorSpeed(motorB,0);
    setMotorSpeed(motorC,0);
    delay(100);
    gB();
    OR();
    S();
    AU();
```

```
  B();
  OL();
  setMotorSpeed(motorB,40);
  setMotorSpeed(motorC,40);
  delay(900);
  a=a+1;
}
while(a==32) {
  AD();
  GB();
     setMotorSpeed(motorB,40);
     setMotorSpeed(motorC,-40);
     delay(500);
     setMotorSpeed(motorB,0);
     setMotorSpeed(motorC,0);
     delay(100);
  gB();
     setMotorSpeed(motorB,-40);
     setMotorSpeed(motorC,40);
     delay(500);
     setMotorSpeed(motorB,0);
     setMotorSpeed(motorC,0);
     delay(100);
     setMotorSpeed(motorB,40);
     setMotorSpeed(motorC,40);
     delay(2200);
     setMotorSpeed(motorB,0);
     setMotorSpeed(motorC,0);
     delay(100);
     setMotorSpeed(motorB,-40);
     setMotorSpeed(motorC,-40);
     delay(250);
     setMotorSpeed(motorB,0);
     setMotorSpeed(motorC,0);
     delay(200);
   AU();
     setMotorSpeed(motorB,-40);
     setMotorSpeed(motorC,-40);
     delay(2000);
```

```
        setMotorSpeed(motorB,0);
        setMotorSpeed(motorC,0);
        delay(100);
    OR();
        setMotorSpeed(motorB,40);
        setMotorSpeed(motorC,40);
        delay(900);
        a=a+2;
    }
}
```

【과제】 위 프로그램(약 20쪽)을 함수를 이용하여 간략히 작성하여라.

9.4 EV3로 물건이송 프로그램

EV3 로봇을 이용하여 광산을 상징하는 경기장을 주행하며 희토류 금속을 채취하여 종류에 맞게 분류하고자 한다. 이 과정에서 로봇의 현재 위치를 기억하고, 금속류를 모양과 색에 따라 구분하여 운반지점의 같은 색 위치를 찾아 분류하고, 아래와 같은 경기장 중앙에 배치된 1개의 대단위 희토류 매장지역을 기지(BASE)로 가져오는 등의 임무를 수행할 수 있는 순서도와 프로그램을 작성하라. 로봇은 기지(BASE)를 출발하여 각각의 구역에 표시된 라인을 이용하여 각 희토류 금속을 채취한 다음, 지정된 보관 장소로 이동하여 색과 모양에 따라 분류해야 한다(라인 폭 2cm). 희토류 금속은 총 3종류로 빨간색 공(지름 52mm, 개발 장비 세트에 포함), 파랑색 공(지름 52mm, 개발 장비 세트에 포함), 흰색기둥(2×4 브릭을 이용하여 만든 31mm×31mm×96mm(±10mm))으로 각 1개 이상씩 경기장에 주어진다. 경기장의 중앙에는 1개의 대단위 희토류 매장지역이 놓여 있고, 이 대단위 희토류 매장지역을 처음 출발하였던 기지(BASE)로 가져와야 한다.

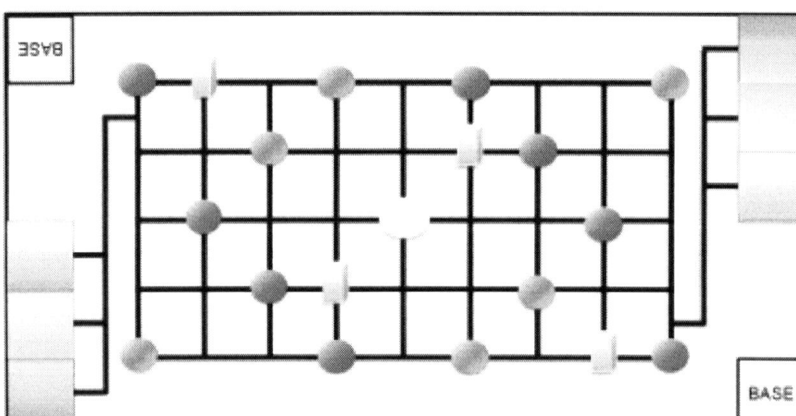

[그림 9-7] 물건이송 경기장

1. 1200×2400(mm)의 경기장에 동쪽과 서쪽에서 각각 출발하여 미션 수행하도록 구성
2. 검정색 선은 안내선으로 20(mm)폭의 검은색 선
3. 보관장소의 크기는 200×200(mm)이고, 각각 빨간색, 파란색, 흰색
4. 경기장 내부에는 200×200(mm) 사이즈이며 총 32개의 직사각형으로 구성
5. BASE 규격은 250×250(mm), 회색이며, 'BASE'라는 글씨가 새겨져 있음
6. BASE 주변에는 턱이 없으므로 광물자원이 선에 닿거나 선 안에 들어오면 성공한 것으로 보고 점수를 바로 채점

□ 모터의 엔코더 값을 사용하기 위한 nMoterEncoder Target[]

nMoterEncoder[모터이름]는 모터의 엔코더 값이 저장되는 배열을 지정하기 위한 내장한다. 변수로 모터이름으로 지정된 모터의 엔코더 값을 읽어 들이거나 모터이름으로 지정된 모터의 엔코더에 임의의 값을 저장할 수 있는 기능을 제공한다.

- 변수 = nMoterEncoder[motorA] : 모터A 엔코더 값을 변수에 저장
- nMoterEncoder[motorB] = 값/변수/함수 : 모터B 엔코더에 값 저장

2012년 임베디드소프트웨어 경진대회 고등부, NXT

```
#pragma config(Sensor, S1, LL, sensorEV3_Color)
#pragma config(Sensor, S2, CL, sensorEV3_Color)
#pragma config(Sensor, S4, RL, sensorEV3_Color)
#pragma config(Sensor, S3, Sonic, sensorEV3_Ultrasonic)
#pragma config(Motor,  motorB, ML, tmotorNormal, PIDControl, encoder)
#pragma config(Motor,  motorC, MR, tmotorNormal, PIDControl, encoder)
//*!!Code automatically generated by 'ROBOTC' configuration wizard !!*//

#define Threshold 42
#define Th dis 25

int pwr = 60;
int step_y = (int)(360*200/56/PI); //one step distance is 409 degree for 200mm
int step x = (int)(360*240/56/PI);
int rot90 = 200;        // point turn //swing turn (int)(PI*120.0/56.0*90.0);

int dirNorth = 0;
int dirEast =  1;
int dirSouth = 2;
int dirWest =  3;
int robotX = 3, robotY = 0, robotDir = dirNorth;
int right, left, center, distance;

void Move(short enc)
{
  nMotorEncoderTarget[ML] = abs(enc);
```

```
  nMotorEncoderTarget[MR] = abs(enc);
  motor[ML] = pwr;
  motor[MR] = pwr;
  while(nMotorRunState[ML] != runStateIdle || nMotorRunState[MR] != runStateIdle){}

  if(robotDir == dirNorth) robotY++;
  else if(robotDir == dirEast) robotX++;
  else if(robotDir == dirSouth) robotY--;
  else if(robotDir == dirWest)  robotX--;
}

void Turn(short pwrt, long enct)
{
  nMotorEncoderTarget[ML] = enct;
  nMotorEncoderTarget[MR] = enct;
  motor[ML] = pwrt;
  motor[MR] = -pwrt;
  while(nMotorRunState[ML] != runStateIdle || nMotorRunState[MR] != runStateIdle){}
}

void Turn90(bool clockwise)
{
  if (clockwise) {
    Turn(pwr/2, rot90);
    robotDir++;
  }
  else {
    Turn(-pwr/2, rot90);
    robotDir--;
  }

  robotDir += 4;
  robotDir %= 4;
}

task display()
{
  while(true)
  {
    right = SensorValue(RL);
```

```
        left = SensorValue(LL);
        center = SensorValue(CL);
        distance = SensorValue(Sonic);
        writeDebugStreamLine( "DIRECTION = %d", robotDir);
        writeDebugStreamLine(1, "X = %d, Y = %d", robotX, robotY);
        writeDebugStreamLine(2, "c/r/l=%d %d %d", center, right, left);
        writeDebugStreamLine(3, "distance= %d", distance);
    }
}

task main()
{
    StartTask(display);
    Move(step_y);

    while(robotY<18)
    {
        switch(robotDir)
        {
            case 0:
                if(center>Threshold && distance>Th_dis) {
                            Move(step_y); wait1Msec(500);
                }
                else if(left>Threshold) {
                            Turn90(false);   wait1Msec(500);
                } //left turn
                else if(right>Threshold) {
                            Turn90(true);   wait1Msec(500);
                }//right turn
                else {
                            Turn90(true);Turn90(true); wait1Msec(500);
                }
                break;
            case 1:
                if(left>Threshold) {
                            Turn90(false);wait1Msec(500);
                }
                else if(center>Threshold && distance>Th_dis) {
                          Move(step_x);wait1Msec(500);
                }
```

```
            else {
                    Turn90(true);Turn90(true);wait1Msec(500);
             }
            break;
        case 2:
            Turn90(true);Turn90(true);wait1Msec(500);
            break;
        case 3:
            if(right>Threshold) {Turn90(true); wait1Msec(500);}//right turn
            else if(center>Threshold && distance>Th_dis) {
                    Move(step_x);wait1Msec(500);
             }
            else {
                    Turn90(true);Turn90(true);wait1Msec(500);
             }
            break;
        default:
             robotDir %= 4;
      }
  }
  StopTask(display);
}
```

9.5 WRO 중등부 과제: 보물찾기[4)]

WRO(World Robot Olympiad) 2015년 중등부 과제는 "보물찾기"이다. 주제인 "로봇 탐험가"는 학생들이 때로는 인간에게 적대적일 수 있는 다양한 환경을 탐험하고 조사할 수 있는 로봇을 만들어야 한다. 다섯 개의 유물을 수집하는 임무를 수행하는 로봇을 만들고, 수집해야 하는 유물 각각의 위치와 주변 환경에 대한 단서를 사용할 수 있다.

(1) 경기규칙 및 경기장

로봇의 미션은 커다란 격자 판에서 유물을 5개 수집하여 격자 판 외부로 물품들을 나르는 것이다. 경기장의 좌표계는 5×5의 바둑판 격자무늬로 이루어지며, 각 열과 행은 네 가지 색상(적색, 녹색, 청색, 황색) 중 하나로 표현된다. 좌표계는 격자 판 바깥의 정사각형 조각에 있는 8개의 색상 타일을 배치하여 테이블 위에 표시되며, 이는 지도 키(the map key)이다. 처음 4개의 타일은 테이블 열의 색상을 나타내고, 그 다음 4개의 타일은 테이블 행에 대한 색상을 나타낸다. 지도 키의 10가지 색상 타일 중 마지막 2개의 색상 타일은 수집해야 할 첫 번째 유물의 열과 행을 나타낸다.

레고 큐브의 색상은 다음 유물이 있는 열의 색상을 나타내고, 큐브 밑의 타일은 다음 유물이 위치한 행을 알려준다. 격자 판의 시작을 살펴보며 얻은 정보와 함께라면 큐브의 색상과 큐브 밑 타일의 색상을 통해 각 유물의 위치를 알아내는 것이 가능할 것이다. 경기 동안 수집해야 하는 유물은 다섯 개이고, 흰 타일은 마지막 유물의 밑에 있을 것이다.

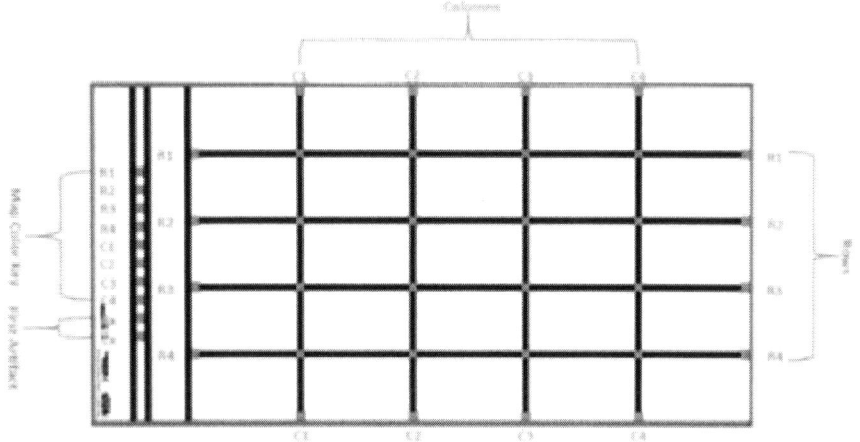

[그림 9-8]

4) http://wrokorea.kr/ 관련 규정 및 세부 경기 규칙을 참조하세요.

(2) 로봇 제한

- 크기 : 로봇의 최대 크기는 250㎜×250㎜×250㎜
- 부품 : EV3 코어세트 1개, 익스팬션세트 1개를 사용할 수 있다. 세트 내에 포함된 정품 배터리만 사용할 수 있다. WRO 규정을 참고하라.

(3) 경기 득점 규정

로봇은 경기를 완료하는 데에 2분이 주어진다. 경기는 심사 위원이 시작 신호를 준 시점부터 시작된다. 로봇은 반드시 시작 지점에 위치해야 한다. 참가자의 만족도에 대한 물리적인 변화가 일어났다면, 프로그램이 선택될 때까지 심사 위원들이 신호를 준다. 경기를 위한 세부적인 경기 득점 규정은 다음과 같다.

1. 점수는 경기가 종료하거나 시간이 종료될 경우에만 계산된다.
2. 모든 유효 색상 레고 큐브가 격자 판의 위치에서 이동한 경우 5포인트
3. 모든 유효 색상 레고 큐브가 로봇에 적재된 경우 10포인트
4. 로봇에 모든 유효색상 레고큐브가 적재되고 로봇이 마무리 영역에 위치한 경우 5포인트
5. 경기 중 모든 검은 타일을 건드린 경우 -25 포인트
6. 경기 중 모든 검은 타일을 벗겨낸 경우 -50 포인트
7. 최고 점수는 100 포인트
   a. 25 포인트 (5개의 유효 색상 레고 큐브가 격자 판의 위치에서 이동한 경우×5 포인트)
   b. 50 포인트 (5개의 유효 색상 레고 큐브가 로봇에 적재된 경우×10 포인트)
   c. 25 포인트 (격자 판 외부로 로봇이 유물을 실어 나른 후 종료한 경우×5 포인트)
   d. 참고: 유효하지 않은 유물을 이동/적재/운송한 경우에는 점수가 부여되지 않는다.

6. 동점 팀이 발생할 경우, 순위는 가장 빠른 기록 순으로 결정된다.

(4) 프로그램 사례

다음 프로그램이 완성되지는 않았지만, 정평중학교 김윤기 학생이 작성한 사례이니 참고해서 프로그램을 완성하여라.

```
#pragma config(Sensor, S1, , sensorEV3_Color)
#pragma config(Sensor, S2, , sensorEV3_Color)
#pragma config(Sensor, S3, , sensorEV3_Color, modeEV3Color_Color)
```

```
#pragma config(Sensor, S4, , sensorEV3_Color, modeEV3Color_Color)
#pragma config(Motor,  motorA, ma, tmotorEV3_Medium, PIDControl, encoder)
#pragma config(Motor,  motorB, mb, tmotorEV3_Large, PIDControl, driveLeft, encoder)
#pragma config(Motor,  motorC, mc, tmotorEV3_Large, PIDControl, driveRight, encoder)
#pragma config(Motor,  motorD, md, tmotorEV3_Large, PIDControl, encoder)
//*!!Code automatically generated by 'ROBOTC' configuration wizard  !!*//

//TreasureHunter 2.0
// Red==5, Green=3, Blue==2, Yellow==4, Black==1, White==6

//initialize
int ThresHold = 20;
int readcolor[10] = {0,0,0,0,0,0,0,0,0,0};
int destination[2]; //(Row, Col)
int current_position[2]; //(Row, Col)
int current_direction; //U1 R2 D3 L4
int requested_direction;
//initialize

//declare
void LeftTurn();
void RightTurn();
void U_Turn();

void ReadColor();
void Destination();
void Navigation();
void LineTracing();
void Hand();

void Home();
//declare

task main()
{//main
    motor[ma]=30; sleep(300); //open = +, close = -
    motor[md]=30; sleep(700);//hand up = -, hand down = +

    ReadColor();
```

```
    displayTextLine(1,"ReadColor : %d %d %d %d %d %d %d %d %d %d %d", readcolor[0], readcolor[1],
readcolor[2], readcolor[3], readcolor[4], readcolor[5], readcolor[6], readcolor[7], readcolor[8], readcolor[9]);

    motor[ma] = -30; sleep(300); //close
    motor[md] = -30; sleep(700); //hand up

    //Left Turn
    motor[mb]=50;
    motor[mc]=50;
    sleep(800);

    motor[mb]=-40; motor[mc]=40; sleep(1000);

    while(true)
    {
        if(SensorValue(S1)<ThresHold) {
                motor[mb]=0; motor[mc]=0; sleep(100);
                break;          }
        else {
                motor[mb]=30; motor[mc]=30;     }
    }
    motor[mb]=50; motor[mc]=50; sleep(200);

    LineTracing();

    current_direction = 2;
    current_position[0] = 3; //(r, c) = (3, -1)
    current_position[1] = 0;

    for(int count = 1; count <= 5; ++count) { //5
        Destination();
        displayTextLine(3, "Destination : %d %d", destination[0], destination[1]);
        Navigation();
        displayTextLine(5, "Block : %d, Tile : %d", readcolor[8], readcolor[9]); }

    Home(); //go Home

    return;
}//main
```

```
//function
void LeftTurn()
{
    motor[mb]=40; motor[mc]=40; sleep(500);
    motor[mb]=-40; motor[mc]=40; sleep(500);
    while(true) {
            if(SensorValue(S1)<ThresHold) {
                        motor[mb]=-40; motor[mc]=40; sleep(50);
                        return;
            }
            else motor[mb]=-40; motor[mc]=40;
    }
    motor[mb]=50; motor[mc]=50; sleep(100);
}

void RightTurn()
{
    motor[mb]=40; motor[mc]=40; sleep(500);
    motor[mb]=40; motor[mc]=-40; sleep(500);
    while(true) {
            if(SensorValue(S2)<ThresHold) {
                        motor[mb]=40; motor[mc]=-40; sleep(50);
                        return;            }
            else motor[mb]=40; motor[mc]=-40;
    }
    rcturn;
}

void U_Turn()
{//LeftUTurn
    motor[mb]=40; motor[mc]=40; sleep(500); //half go
    motor[mb]=-40; motor[mc]=40; sleep(1500);
    while(true) {
            if(SensorValue(S2)<ThresHold) {
                        motor[mb]=0; motor[mc]=0; sleep(50);
                        return;
            }
    }
    return;
```

```
}

void ReadColor()
{
    setSensorMode(S4, 2); //leftside==1, 0==reflect, 1==Ambient, 2==Color
    int ref = 0;

    while(true) {
            if(SensorValue(S4)==5||SensorValue(S4)==3||SensorValue(S4)==2||
                  SensorValue(S4)==4){ //0==no color, 1==black, 6==white// Red==5,
                                              Green=3, Blue==2, Yellow==4
                  readcolor[ref] = SensorValue(S4); //save color
                  ++ref;
                  if(ref==10) {
                        motor[mb]=0; motor[mc]=0; sleep(100);
                        return;
                  }
                  else {
                        playSound(soundBlip);
                        motor[mb]=50; motor[mc]=50; sleep(200);
                  }
        }//if

        //S2 LineTracing, S1 Read
        if(SensorValue(S1)<ThresHold) {
                  motor[mb]=25; motor[mc]=30;
        }
        else if(SensorValue(S1)>ThresHold) {
                  motor[mb]=30; motor[mc]=25;
        }
    }//while
}//ReadColor

void Destination()
{
    int object[4][4] = {{0,0,0,0},{0,0,0,0},{0,0,0,0},{0,0,0,0}};
    int r, c;

    for(r=0; r<4; ++r) {
```

```
        if(readcolor[r] == readcolor[8]) {
                ++object[r][0];
                ++object[r][1];
                ++object[r][2];
                ++object[r][3];
                goto skip1;
        }
    }//for

skip1: //goto

    for(c=4; c<8; ++c) {
        if(readcolor[c] == readcolor[9]) {
                ++object[0][c-4];
                ++object[1][c-4];
                ++object[2][c-4];
                ++object[3][c-4];
                goto skip2;
        }
    }//for

skip2: //goto

    for(r=0; r<4; ++r) {
        for(c=0; c<4; ++c) {
                if(object[r][c] == 2) {
                        destination[0]=r;
                        destination[1]=c;
                        playSound(soundBeepBeep); sleep(100);
                        return;
                }//if
        }//for
    }//for
}//Destination

void Navigation()
{
    //+r == down, +c == right, -r == up, -c == left
```

```
while(destination[0] != current_position[0]) {
    if(destination[0] < current_position[0]) { //go up
            requested_direction = 1;
            if(current_direction == 1) {}
            else if(current_direction == 2) LeftTurn();
            else if(current_direction == 3) U_Turn();
            else if(current_direction == 4) RightTurn();

            current_direction = 1; //turning complete
            LineTracing();
            current_position[0]--;
    }
    else if(destination[0] > current_position[0]) {  //go down
            requested_direction = 3;
            if(current_direction == 1) U_Turn();
            else if(current_direction == 2) RightTurn();
            else if(current_direction == 3) {}
            else if(current_direction == 4) LeftTurn();

            current_direction = 3;
            LineTracing();
            current_position[0]++;
    }
}//while

while(destination[1] != current_position[1]) {
    if(destination[1] < current_position[1]) {  //go left
            requested_direction = 4;

            if(current_direction == 1) LeftTurn();
            else if(current_direction == 2) U_Turn();
            else if(current_direction == 3) RightTurn();
            else if(current_direction == 4) {}
            current_direction = 4;

            LineTracing();
            current_position[1]--;
    }
```

```
        else if(destination[1] > current_position[1]) {  //go right
                requested_direction = 2;

                if(current_direction == 1) RightTurn();
                else if(current_direction == 2) {}
                else if(current_direction == 3) LeftTurn();
                else if(current_direction == 4) U_Turn();

                current_direction = 2;
                LineTracing();
                current_position[1]++;
        }
    }//while
    //navigate complete then take block

    playSound(soundUpwardTones); sleep(100);
    Hand();
    return;
}//Navigation

void LineTracing()
{
    setSensorMode(S3, 2); //color

    //ma : open = +, close = -
    //md : hand up = -, hand down = +

    if((destination[0]==current_position[0] && abs(destination[1]-current_position[1])== 1)
      ||(abs(destination[0]-current_position[0])==1&&destination[1]==current_position[1])){
        motor[md] = 30; sleep(700);
        motor[ma] = 30; sleep(300);
    }

    while(true) {
        if((destination[0]==current_position[0]&&abs(destination[1]-
                current_position[1])==1)||(abs(destination[0]-current_position[0])==1&&
                destination[1]==current_position[1])){
            if(SensorValue(S3)==5||SensorValue(S3)==3||
                SensorValue(S3)==2||SensorValue(S3)==4) {
```

```
					playSound(soundException);
					motor[mb]=0; motor[mc]=0; sleep(100);
					break;
				}
		}
		if(SensorValue(S1) < ThresHold && SensorValue(S2) < ThresHold){
				playSound(soundBeepBeep);
				motor[mb]=0; motor[mc]=0; sleep(100);
				break;
		}
		else if(SensorValue(S1) > ThresHold && SensorValue(S2) > ThresHold) {
				motor[mb]=50; motor[mc]=50;
		}
		else if(SensorValue(S1) < ThresHold) {
				motor[mb] = 30; motor[mc] = 40;
		}
		else if(SensorValue(S2) < ThresHold){
				motor[mb] = 40; motor[mc] = 30;
		}
	}//while

	return;
}//LineTracing()

void Hand()
{
	//md hand up = -, hand down = + | ma open = +, close = -
	setSensorMode(S3, 2); //color
	setSensorMode(S4, 2); //color

	motor[md] = 50; sleep(2000);
	motor[ma] = -20; sleep(500); //catch
	if(SensorValue(S3)==5||SensorValue(S3)==3||SensorValue(S3)==2||
		SensorValue(S3)== 4) {
		// Red==5, Green=3, Blue==2, Yellow==4, Black==1, White==6
		readcolor[8] = SensorValue(S3);
	}
	motor[md] = -50; sleep(2000); //hand up
	motor[ma] = 30; sleep(500); //open
```

```
    playSound(soundBeepBeep); sleep(500);
    motor[ma] = -30; sleep(500); //close
    motor[md] = 50; sleep(2500); //down

    motor[mb]=-40; motor[mc]=-40; sleep(200);
    if(SensorValue(S4) == 5 || SensorValue(S4) == 3 || SensorValue(S4)
            == 2 || SensorValue(S4) == 4) {
            readcolor[9] = SensorValue(S4);
            playSound(soundBeepBeep); sleep(50);
    }
    return;
}
void Home()
{
    destination[0] = 3; //y
    destination[1] = -3; //x
    Navigation();
    playSound(soundException); sleep(100);
    return;
}
```

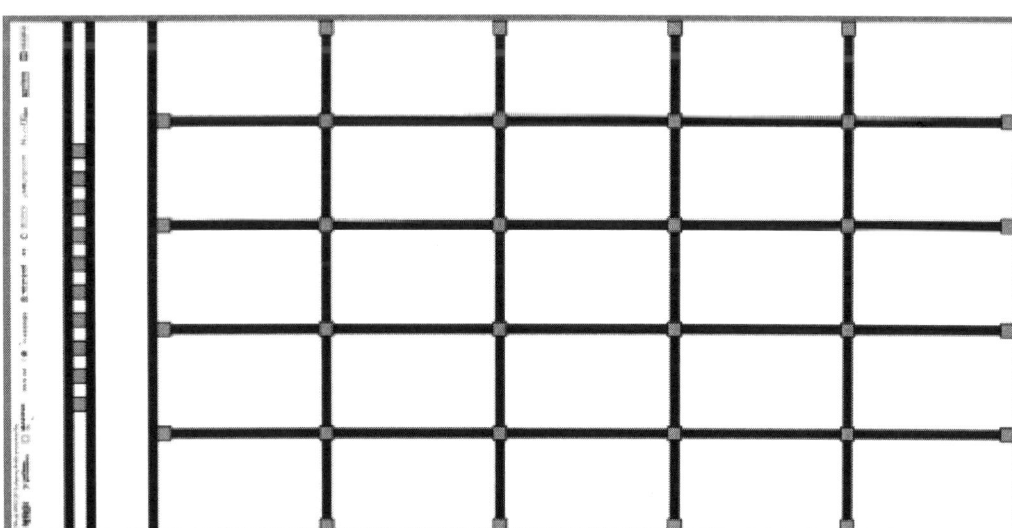

[그림 9-9] 2015년 WRO 중등부 경기장 맵

[그림 9-10] 2015년 WRO 중등부 경기장 사진

저자와의
협의에 의해
인지 생략

EV3를 이용한

RobotC 프로그래밍

2판 1쇄 2023년 3월 2일

저 자	황우현
발행인	송광헌
발행처	복두출판사
주 소	서울특별시 영등포구 경인로82길 3-4 센터플러스 807호 (우) 07371
전 화	02-2164-2580
FAX	02-2164-2584
등 록	1993. 11. 22. 제 10-902 호

정가 : 14,000원

ISBN : 979-11-6675-274-2 93000

한국과학기술출판협회 회원사